Moishe Postone

# 모이세 포스톤,

## 시간과 노동 그리고 사회적 지배

/정용택

<컴북스이론총서>는

현대를 호흡하는 사상가들을 소개합니다.

단순한 사상의 축약, 해제가 아닙니다.

해당 사상가를 연구해 온 전문가가 직접

사상가의 핵심 키워드 10개를 뽑아 해설하고 비평합니다.

인간과 비인간, 현실과 가상, 문화와 야만의

경계를 넘나드는 모든 사상을 싣겠습니다.

오늘을 살아가는 모든 이의 나침반이 되겠습니다.

컴북스이론총서

# 모이셰 포스톤,
# 시간과 노동 그리고 사회적 지배

정용택

대한민국, 서울, 커뮤니케이션북스, 2025

**모이셰 포스톤, 시간과 노동 그리고 사회적 지배**

지은이 정용택
펴낸이 박영률

초판 1쇄 펴낸날 2025년 8월 8일

커뮤니케이션북스(주)
출판 등록 제313-2007-000166호(2007년 8월 17일)
02880 서울시 성북구 성북로 5-11
전화 (02) 7474 001, 팩스 (02) 736 5047
commbooks@commbooks.com
www.commbooks.com



ISBN 979-11-430-0894-7 04300

책값은 뒤표지에 표시되어 있습니다.

# 비판이론을 비판하는 비판이론

2023년과 2024년은 비판이론(critical theory)을 공부하는 이들에게 특별한 해였다. 명실상부 비판이론의 산실이라 할 수 있는 프랑크푸르트 사회조사연구소(Institut für Sozialforschung, IfS)가 1923년 설립되어 1924년 공식적으로 문을 열었으니, 비판이론의 역사가 100년에 이른 것이다. 공교롭게도 2023년은 비판이론의 발전에 지대한 영향을 미친 아이작[이사크] 일리치 루빈(Isaak Illich Rubin)의 ≪마르크스의 가치론(Essays on Marx's Theory of Value)≫과 죄르지 루카치(György Lukács)의 ≪역사와 계급의식(History and Class Consciousness)≫, 카를 코르슈(Karl Korsch)의 ≪마르크스주의와 철학(Marxism and Philosophy)≫이 나란히 출간 100주년을 맞이한 해이기도 했다. 당시 국내외에서 비판이론의 100년 역사를 결산하면서, 그 현재와 미래를 점검하고 구상하는 다양한 학술 행사들이 열린 것도 이런 이유 때문이었다.

# 프랑크푸르트학파와 포스톤의 비판이론

영어권 학계에서도 최근 몇 년 동안 비판이론을 주제로 다수의 저자들이 참여한 총서 형태의 연구서들이 잇달아 출간되었다. 대표적으로 세 권의 책을 들 수 있는데, 우선 프랑크푸르트학파 3세대를 대표하는 악셀 호네트(Axel Honneth)가 피터 고든(Peter Gordon), 에스펜 해머(Espen Hammer)와 함께 편집하고, 위르겐 하버마스(Jürgen Habermas), 마틴 제이(Martin Jay), 세일라 벤하비브(Seyla Benhabib), 주디스 버틀러(Judith Butler), 제이 번스타인(Jay Bernstein), 램버트 자이더바르트(Lambert Zuidervaart) 등 40명이 넘는 선도적 학자들이 대거 필자로 참여한 ≪프랑크푸르트학파에 대한 루틀리지 안내서(The Routledge Companion to the Frankfurt School)≫(2019)가 있다. 호네트가 편집자로, 그리고 하버마스와 더불어 필자로 직접 참여한 데서 알 수 있듯 이 책은 비판이론의 역사를 사회조사연구소에 기반한 프랑크푸르트학파의 발전사와 동일시한다. '망명', '반(反)유대주의', '권위주의', '파시즘' 등과 같이 프랑크푸르트학파의 초기 역사를 상징하는 유명한 용어들을 중심으로 비판이론의 주요 개념과 역사적 테마에 집중하고, 비판이론을 영향력 있는 운동으로 끌어올린 주요 인물들의 사상에 초점을 맞춘다.

한편 미국의 정치·사회철학자 마이클 톰프슨(Michael Thompson)이 단독으로 편집하고 30여 명의 학자들이 필자로 가세한 ≪비판이론에 관한 팰그레이브 핸드북(The Palgrave Handbook of Critical Theory)≫(2017)은 내재적 비판, 도구적 이성 비판, 권위주의 연구, 물화 비판, 문화산업, 의사소통적 합리성, 인정(認定) 이론 등 비판이론의 전통을 형성한 영향력 있는 패러다임과 핵심 개념들을 탐구하고, 정치학·철학·사회학·인류학·문학·미학·역사학 등을 아우르는 다학제적 관점에서 인문·사회과학 전 분야에 걸쳐 비판이론이 끼친 영향을 분석한다. 그래서 이 책의 기고자들 명단에는 앞의 책보다 소장 학자들의 이름이 훨씬 더 많이 눈에 띈다. 무엇보다 편집자 톰프슨이 호네트의 작업을 '비판이론의 순치'라고 주장해 온 것을 반영하듯, 비판이론을 프랑크푸르트라는 고유한 장소뿐 아니라 학문의 경계마저 초월해 전개된 비판적 이성의 활동으로 간주한다는 점이 특징적이다(Thompson, 2016).

마지막으로 단권으로 출간된 앞의 두 책과 달리 총 세 권으로, 그래서 전체 분량이 1700쪽이 넘으며 수록된 개별 논문 수만 99편에 달하는 ≪프랑크푸르트학파 비판이론에 관한 세이지 핸드북(The SAGE Handbook of Frankfurt

School Critical Theory)≫(2018)이 있다. 이 책은 어쩌면 지금까지 나온 모든 비판이론 연구서 가운데 가장 포괄적이고 가장 심도 있는 책이라 해도 과언이 아닐 것이다. 단순히 압도적인 분량 때문만은 아니다. 편집자인 베벌리 베스트(Beverley Best), 워너 본펠드(Werner Bonefeld), 크리스 오케인(Chris O'Kane) 모두 자타공인 마르크스주의자며, 그래서 앞의 두 책보다 훨씬 더 명시적으로 프랑크푸르트학파 비판이론을 마르크스주의 전통 내에서 파악하고 있기 때문이다. 실제로 앞의 두 책에서 전혀 다루어지지 않은 프랑크푸르트학파의 비공식적 계보, 즉 하버마스와 마찬가지로 테오도어 아도르노(Theodor Adorno)의 제자들이었던 한스게오르크 바크하우스(Hans-Georg Backhaus)와 헬무트 라이헬트(Helmut Reichelt), 한스위르겐 크랄(Hans-Jürgen Krahl) 등의 '새로운 마르크스 독해(Neue Marx-Lektüre, New Reading of Marx)'의 기여를 본격적으로 다룬다는 점에서, 나아가 그러한 비판이론의 마르크스주의를 다른 전통들과 계속해서 비교·대조한다는 점에서 이 책은 독보적인 의의를 지닌다.

결정적으로 이 책은 앞의 두 책과 달리 프랑크푸르트대학교 출신으로 미국에서 활동했고 책 출간에 즈음해 세상을 떠난 한 인물에게 헌정되었으며, 호네트만큼 그 인물의 이름이 책에서 자주 언급되고, 다수의 필자들이 그의 저작들을 인용하고 직접적인 주제로 다루고 있다는 점에서 비판이론 100년을 어떻게 성찰할지에 대한 흥미로운 시사점을 제공한다. 도대체 어떤 인물이기에 ≪세이지 핸드북≫이 그를 이토록 중요하게 다룰까? 그 인물은 바로 모이셰 포스톤(Moishe Postone, 1942~2018)이다.

포스톤은 캐나다 출신의 유대계 역사가이자 사회이론가다. 시카고대학교에서 현대사 담당 교수로 오랜 기간 재직하면서 많은 제자를 길러 냈고, 동 대학의 시카고현대이론센터(Chicago Center for Contemporary Theory)와 그곳에서 내는 학술지 ≪비판적 역사 연구(Critical Historical Studies)≫를 이끌었다. 1960년대 말부터 1980년대 초까지 현대 비판이론의 본산인 독일 프랑크푸르트대학교에서 수학했고, 이후 미국에서 마르크스주의적 비판이론의 전통이 뿌리내리는 데 크게 공헌한 학자로 명성을 얻었다. 포스톤은 평생에 걸쳐 자신의 실존과 깊이 연관된 '현대 반유대주의'에 대한 정치경제학적 이론화, 시간과 노동에 의한 지배의 현실에 초점을 맞춘 마르크스 해석, 비판이론 재구성에 매진했다.

오늘날 학계에서는 포스톤을 비판이론과 마르크스주의 연구에서 20세기 최고의 학자 중 하나로 인정한다. 그러한 평가가 국제적으로 확고하게 자리 잡고 있음에도 불구하고 아직 한국 학계에는 포스톤의 비판이론의 내용과 마르크스 해석의 성과가 충분히 소개되지 않았다. 그러므로 그동안 비교적 생소했던 이단적 비판이론가 포스톤을 통해 비판이론이란 무엇이며, 무엇이어야 하는지 새롭게 탐구하는 것은 의미 있는 작업이 될 것이다.

## 비판적 사유의 한계와 비판이론의 위기

한쪽에서는 최근 몇 년 동안 비판이론의 프로젝트를 재활성화하려는 노력이 지속되고 있지만, 다른 한쪽에서는 이미 서구에서 1980~1990년대 문화전쟁을 치르면서 나타났던 비판이론에 대한 공격이 2000년대 들어 우파적 이론뿐 아니라 소위 비판적 인문·사회과학 내에서도 거세지는 추세다. 이러한 공격은 '비판(이론)의 종말'을 선언하는 다음과 같은 유명한 언명들로 대변된다. "우리는 여전히 비판적 전위의 움직임을 취할 수는 있다. 하지만 그 정신은 사라져 버리지 않았는가?"(Latour, 2023: 292) "폭로는 그것이 고발하는 제국에 맞서는 어떤 무기도 더는 제공하지 못하는 것 같다.… 체계에 대한 종결될 수 없는 비판은 결국 이 비판이 아무런 효과도 가질 수 없는 대상의 이유를 논증하는 것과 같아진다."(Rancière, 2016: 59) 이런 식의 진단이 오늘날 비판이론에 대한 비판이론 외부의 공격을 상징적으로 보여 주고 있다.

인용한 두 문장은 더 이상의 설명이 필요 없는 저명한 사상가들인 브뤼노 라투르(Bruno Latour)와 자크 랑시에르(Jacques Rancière)의 것인데, 미국의 비평가 핼 포스터(Hal Foster)는 최근 학계에서 '비판'에 대해 제기된 가장 날카로운 '반(反)비판'의 범례로 라투르와 랑시에르를 지목한다(Foster, 2012: 4-5). 비록 '비판이론을 비판하는 비판이론'이기는 했으나 여전히 비판이론의 전통 안에 남았던 포스터의 작업은 과연 오늘날 비판이론에 대해 제기되는 그런 비판들에 어떻게 대응할 수 있을까? 라투르와 랑시에르의 논점을 살펴보면서 이에 대해 간단히 답해 보고자 한다.

2003년의 스탠퍼드대학교 강연문에 바탕을 두고 2004년 비판이론 분야의 학술지 ≪비판적 탐구(Critical Inquiry)≫에 발표된 "왜 비판은 힘을 잃었는가? 사실의 문제에서 관심의 문제로(Why Has Critique Run out of Steam? From Matters of Fact to Matters of Concern)"는 라투르 자신이 오랫동안 피력해 온 반비판적 사유의 정점에 있는 글이라

할 수 있다. 지금도 '포스트비판(post-critique)'의 조류에서 가장 큰 영향력을 행사하는 이 글에서, 라투르는 우발성에 대한 경험과 주장이 일상생활의 기본적 특징이 된 세상에서 사회구성주의적이고 역사적인 분석 또는 비판적 사회이론을 통해 "[자연화된 사실 뒤에 감춰진] 신념, 권력, 환영을 폭로"하는 것은 더 이상 실행 가능한 행동 방침이 되지 못한다고 주장한다. 예컨대 지식인들의 사회 비판이 "사회, 담론, 지식(이면서) 권력, 역장(力場), 제국, 자본주의처럼 고급스러운 개념들을 사용"해 "모든 사람의 모든 말을 의심하는 법"을 가르치듯이 가짜뉴스를 실어 나르는 음모론자들 역시 "검은 의도를 가진 탐욕스러운 사람들의 끔찍한 무리를 묘사하기를 좋아"하는데, 라투르는 "그 설명의 구조에서 당혹스러울 정도로 비슷한 무언가"를 양자에게서 발견한다. "즉 둘 다 우선 불신의 움직임을 취하고, 그다음 저 아래 깊은 어둠에서 인과적 설명을 길어 오는 방향으로 선회"한다(Latour, 2023: 296). 결국 비판이론과 음모론이 논리 구조상 유사함이 드러난 이상, 사회과학의 비판적 작업이 누려 온 특별한 위상은 더 이상 가치 있는 효과를 창출하지 못한다는 것이다.

물론 라투르의 반비판은 더욱 근본적인 지점으로 나아간다. 라투르는 우선 비판이론이 자임했던 가장 중요한 사회적 기능이 "순진한 신자들이 [자신들이 믿는] 객체를 갖고 하는 일이란 단지 자신의 소망을 그 자체로는 아무것도 하지 못하는 물질적 실체에 투사하는 것일 뿐임을 보여 주는 데 있다"고 규정한다(Latour, 2023: 306). 그러나 비판이론이 '물신(物神)'으로 취급해 왔던 "객체들 역시 행동하고, 무언가를 하고, 당신이 무언가를 하도록 만든다"는 것이 과학학을 통해 드러난 이상, 이제 "어떤 것을 물신이라고 비난하는 것은 궁극적으로 불필요하고, 무례하고, 터무니없고, 야만적인 제스처"에 불과함을 인정하지 않을 수 없게 됐다고 주장한다(Latour, 2023: 311).

한편 랑시에르는 2007년 강연 원고로 처음 발표했고, 이듬해 출간한 ≪해방된 관객(Le Spectateur émancipé)≫의 2장으로 수록한 "비판적 사유의 재난(Les mésaventures de la pensée critique)"에서 그간의 오랜 공백을 깨고 '비판(이론)적 사유'에 대한 질문으로 돌아온다. 서두에서부터 랑시에르는 "외양의 광채 뒤에 감춰진 어둡고 견고한 현실을 비난"하는 방식으로 작동하는 유형의 비판은 지속 불가능하다고 단언한다. "오늘날에는 외양의 군림에 맞세울 그 어떤 견고한 현실도 남아 있지 않고, 소비 사회의 승리에 맞세울 그 어떤 어두운 이면도 남아 있지" 않기 때문이다(Rancière, 2016: 29). 그렇다고 랑시에르가 비판이론이 이제 종언을 고했다는 라투르식 발상을 받아들이는 것은 아니다. 오히려 전통적 비판이론의 한계를 넘어 "비판이론의 의미를 다시 사유하기 위한 요청이자 새로운 비판적 장치를 창조하기 위한 요청"의 일환으로 비판적 사유의 재난 상태를 진단하는 작업에 착수했다고 봐야 한다 (Chambers, 2019: 343).

랑시에르 연구자이자 마르크스주의적 비판이론 연구자인 새뮤얼 체임버스(Samuel Chambers)가 지적했듯, 라투르와 랑시에르는 비판이론의 재의미화와 비판적 장치의 재창조 가능성에 대해 상반된 입장을 취하지만, 적어도 두 사람 모두 전통적 비판이론으로부터 거리를 두기 위해 비판이론에서 작동하는 비판적 장치를 "전도(inversion)의 관계나 구조를 가진 것으로 특징짓는다"는 점은 확실하다 (Chambers, 2019: 301).

예컨대 라투르가 비판이론가들, 즉 "반물신주의자들은 사람들이 행사하는, 생산하고 투사하는 힘을 보여 줌으로써 그들이 믿지 않는 객체를 폭로한다"고 지적할 때 (Latour, 2023: 309), 마찬가지로 랑시에르가 비판이론가들이 수행하는 "전도의 전도는 우리가 알지 못하고, 행동하지 않은 채로 늘 남아 있게 되는 이유를 아는 자만 갖고 있는 지식으로 머문다"고 비난할 때(Rancière, 2016: 127),

두 사람에게 비판이론은 "모두 진리/허위의 이분법에 관여하며, 모두 표면과 깊이의 공간적 은유를 상기시키거나 그러한 은유에 의존"하는 것으로 파악된다. 즉 비판이론가들이 지닌 "모든 다양성에도 불구하고 비판은 언제나 깊은 곳의 진실을 파헤치거나, 허위에 가려진 진리를 드러내는 전도의 관계라는 방식으로 기능"할 뿐이라고 보는 것이다(Chambers, 2019: 303).

## 비판은 정말 힘을 잃었는가

오늘날 비판적 사유의 한계와 비판이론이 처한 위기는 결국 전도의 논리로 비판의 과제를 수행하며 학문적 흥기를 구가했던 "비판이론의 시대는 갔으며 사물들에 대한 '탈신비화된 관점(unmystified view)'의 획득이 어떤 필연적인 결과로 이어지는 것은 아니다"라는 진술로 요약된다(Chambers, 2019: 301; Sedgwick, 2003 참조). 그렇다면 비판이론 전통에는 "탈신비화의 논리, 전도의 논리로 후퇴"하고 있는, 그래서 오늘날 힘을 잃어버린 비판이론만 존재하는 것일까?

물론 그렇지 않다. 사실 비판이론을 향해 제기되는 몇

가지 전형적인 비판들은 이미 오래전 비판이론 내부에서 제기되었고, 그래서 새로운 비판이론의 양식을 제시하려는 노력이 일찍부터 출현했기 때문이다. 이 책이 다루고자 하는 포스톤의 작업이 바로 그러한 흐름을 대변한다. 이 책은 포스톤이 구축한 비판이론을 '비판이론을 비판하는 비판이론'으로 규정하고, 그의 대표작 ≪시간과 노동 그리고 사회적 지배: 마르크스의 비판이론에 대한 재해석(Time, Labor, and Social Domination: A Reinterpretation of Marx's Critical Theory)≫(1993/2003)을 중심으로 비판이 위기에 처한 시대에 새로운 비판이론의 가능성을 모색하고자 한다.

우선 라투르와 랑시에르 모두 혐오해 마지않는 물신 비판의 문제부터 짚어 보자. 포스톤에 따르면 부르주아 경제에 대한 범주적 비판으로서 마르크스의 정치경제학 비판은 상품, 화폐, 자본, 임금, 가격, 이윤, 이자 낳는 자본, 지대, 수익의 원천 등의 범주로 스스로를 현시하는, 가치의 증대하는 신비화·물신화한 형태들을 겨냥한다.

> 마르크스가 가치와 가치형태 모두 사회적 노동의 특수한 '사회형태(social form)'로 보았다는 점을 이해하는 것이 … 결정적이다. 가치의 실체로서 추상적·일반적 노동은 부르주아

> 경제학의 범주들(Form Ⅱ)에서 그 외양(appearance)과 존재의 형태를 취하는 한 특수한 사회형태(Form Ⅰ)를 이미 제시하고 있다.(Brentel, 2013: 14)

포스톤이 보기에 이러한 범주적 비판은 상품들의 세계를 탈신비화·탈물신화하려는 목적하에(TLSD: 147) 그 범주들의 전도된 현상형태들에서 추상노동(abstract labor)이라는 본질을 '드러내는' 역할만 하는 것이 아니다. 오히려 추상노동 자체가 초역사적이고 존재론적이며 생리학적인 것으로서 자신의 현상형태를 동시에 제공하는 총체적인 '사회적 매개'를 구성함을 보여 주는 것이 범주적 비판의 더욱 중요한 목표다(Lange, 2018: 527). 마르크스가 추상노동을 생리학적 의미로 제시한 것은 사회적으로 매개적인 활동으로서 노동이 가치의 본질이지만, 그 본질은 직접 드러나는 대신 전도된 외양의 형태로 표현된다고 봤기 때문이다(TLSD: 166). 따라서 비판이론을 단순히 "외양(현상, appearance)과 본질(essence) 간의 고전적 대립에 따라 작동"하는 이론으로 단정하고, 전도의 과정을 통해 본질(진리)을 드러내고 현상(거짓)의 가면을 벗기는 일이 비판이론가의 임무라고 해석하는 것은 비판이론에 대한 속류화한 이해에 불과하다(Chambers, 2019: 302).

물론 물신화에 대한 전통적 마르크스주의의 해석에 따르면 상품들 사이의 관계가 사람들 사이의 관계를 베일로 가리듯이 숨기고 있으므로 마르크스의 물신 비판은 바로 이러한 환상을 벗겨 내는 것을 과제로 삼는다. 그러나 포스톤은 이러한 해석이 매우 제한적이라고 본다. 마르크스가 중시한 것은 단순히 사물들 사이의 관계가 사람들 사이의 관계를 모호하게 만든다는 사실이 아니라, 자본주의 내에서 사람들 사이의 사회적 관계, 즉 생산관계가 왜 사물들 사이의 관계, 즉 상품관계의 형태를 취할 수밖에 없는지 이해하는 것이었다.

이와 관련해 마르크스가 사용한 '물화(Verdinglichung)' 개념과 '물상화(Versachlichung)' 개념은 명확히 구별된다. 전자가 본질의 외화로 객체가 주체를 지배하는 구도라면, 후자는 사람들 사이의 사회적 관계가 사물과 사물의 관계로 전도되는 구도임을 유념해야 한다(백승욱, 2017: 256-257). 물상화의 견지에서 이해되는 물신주의(fetishism)의 틀에서는 노동의 사회적 성격이 자본의 사회적 성격으로 전도되어 나타난다. 이것이 자본주의 체제에서 사회적인 것이 필연적으로 전도된 형태로 나타날 수밖에 없는 이유다. 이러한 맥락에서 루빈은 물신주의가 의식의 현상이 아니라 '사회적 존재'의 현상이라고 말했다(Rubin, 1989: 91). 마르크스의 물신주의 이론은 가치를 형이상학적이거나 사회외적인 것으로 보는 관점을 거부하고 자본주의에서 가치가 필연적으로 취하는 특수한 형태를 이해하려는 시도였기 때문이다.

그러므로 마르크스주의적 비판이론은 본질/외양, 진실/거짓 등의 대립 구조를 가정하고 전도의 과정을 통해 외부의 거짓된 현상에 의해 가려진 내부의 참된 본질을 드러내는 프로젝트가 아니다. 애초에 마르크스 자신이 ≪정치경제학 비판 요강(Grundrisse der Kritik der politischen Ökonomie)≫(1857~1858)부터 ≪자본(Das Kapital)≫ 1권(1867)을 거쳐 ≪자본≫ 3권(1894)에 이르기까지 자본이 '스스로 증식하는 가치'로서 갖는 성격 이상으로 생산적 노동으로부터 '자립화(autonomization)'하는 고유한 경향을 지닌 사회형태임을 보여 주었다.

> 자기증식하는 가치인 자본은 단지 계급관계[즉 노동이 임노동으로 존재하는 데 근거한 특정 사회적 성격]만 포함하는 것이 아니다. 그것은 하나의 운동으로서 여러 단계를 통과하는 순환과정이며, 이 과정은 순환과정의 서로 다른 세 가지 형태를 포함한다. 따라서 자본은 멈춰 있는 물적 존재가 아니라 단지 운동으로서만 이해될 수 있다. 가치의 자립화

> (Verselbstständigung, autonomization)를 단순한 추상으로 간주하는 사람들은 산업자본의 운동이 바로 이러한 작동 중인 추상(abstraction in action)이라는 것을 잊고 있다. 여기에서 가치는 여러 형태와 여러 운동을 통과하면서, 이런 운동을 통해 자신을 유지하는 동시에 증식, 확대해 나간다.(Marx, 2010: 134. 번역 일부 수정)

이는 자본주의에서 사회형태들의 경향이 그 물질적 토대로부터 점점 더 분리됨을 의미한다. 즉 가치의 자립화는 "그 물질적 토대, 즉 실질적인 가치를 생산하는 활동들과 관련한 자본의 자립화"라고 할 수 있다(Teixeira & Rotta, 2012: 449). 요컨대 마르크스주의적 비판이론에서 신비화·물신화 개념은 가치의 실체로서 노동이라는 사회형태 Ⅰ과 그것이 나타나는 전도된 형태들, 즉 가치가 그 존재 양식으로서 취하는 형태이자 오직 그것들을 통해서만 표현되는 현상형태들(사회형태 Ⅱ: 상품·화폐·자본·임금·이윤·지대·이자·주식·채권·파생상품·구조화 상품·자산 형태 등) 간의 모순이 자본의 운동을 따라 극대화함을 나타낼 뿐, 후자의 배후에 감춰진 전자의 본질을 찾는 것 따위에는 관심이 없다.

특히 포스톤은 상대적 잉여가치의 '트레드밀 효과(treadmill effect. 기술 혁신을 통해 끊임없이 '새로운' 것을 발생시키는 한편 가치법칙을 통해 '동일한' 것을 재생시키는, 그래서 단지 제자리에서 더 빨리 움직이고 있을 뿐인 자본주의 특유의 역사적 동역학)'로 나타나는 자본주의 사회의 역동적 모순을 강조한다. 이는 포스톤의 비판이론이 라투르와 랑시에르가 비난하는 전도의 과정으로서 비판과는 거리가 먼, 오히려 우리의 삶을 추상적·실재적으로 지배하고 있는 '움직이는 모순(moving contradiction)'으로서 자본과 씨름하는 이론적 실천의 한 방식임을 보여 준다.

## 비판의 위기 가운데 새롭게 읽는 비판이론

포스톤의 비판이론에서 본질이나 실체는 그 자체로 드러나지 않고 오직 전도되거나 왜곡된 형태로만 표현된다. 가치의 실체로서 추상노동의 특수성은 그것이 항상 특정한 사회형태들(상품, 화폐, 자본 등)로 나타난다는 점에 있으며, 이러한 현상형태들 속에서 추상노동이 체계적으로 모호해질 수밖에 없는 것은 당연하다. 따라서 마르크스주의적 비판이론의 과제는 전도의 과정을 통해 가치의 실체가 노동이라는 '진실'을 밝히는 것이 아니라, 이러한 신비화·물신화가 왜 허위가 아닌 필수적 요소로서 요구되며, 왜 그것이 사회적으로 타당한 객관적 가상으로 나타나는지 규명하는 것이다. 가치론에 대한 루빈의 말을 비판이론에 적용하자면, 노동의 물신화는 상품경제에서 사람들 간의 생산관계가 물화할 수밖에 없는 필연성을 설명하는 물신성 비판이론의 요체다(Rubin, 1989: 103). 포스톤은 이를 분석의 출발점으로 삼아 현대 자본주의의 모순과 대면했다.

그래서 오늘날의 금융화한 자본주의에서 중요한 쟁점인 "어떤 종류의 노동이 가치를 창출하는가"라는 질문에 포스톤은 자본주의적 역사 발전의 산물인 '상품-결정된 노동(commodity-determined labor)'이 가치를 창출한다고 답한다(TLSD: 56). 이질적인 생산물을 교환 가능하게 만드는 '공통의 실체'가 무엇인지에 대한 답은 마르크스가 분석적으로 제시하는 것이 아니라, 자본주의적 사회구성체의 역사적 발전이 변증법적으로 제공한다. 다시 말해 "무엇이 상품들을 동등하게 만드는가"는 철학적 질문이 아니라 역사적 질문이므로, 그 답은 초역사적인 의미의 '노동 일반'일 수 없다. 이는 노동 자체가 가치를 생산하는 내적 속성을 지닌다는 형이상학적 답변에 불과하다. 답변은 역사적이고 계보학적이어야 한다. 오직 자본주의 역사 발전을 통해 구성된 특수한 사회형태인 '실천적으로 추상적인 노동'만이 가치를 창조할 수 있다(Chambers, 2018:

138-139; Murray, 2016: 124-128).

정치경제학의 다른 법칙들과 마찬가지로 이른바 '가치의 노동이론(또는 노동가치론, labor theory of value)'은 고전 정치경제학 이론도 아니고 마르크스의 이론도 아니다. 가치가 부의 척도로서 점점 더 시대착오적인 것으로 드러나고 있음에도 불구하고 여전히 가치를 사회적 필요 노동시간으로 측정하려 한다는 점에서 자본주의적 사회구성체 그 자체가 지닌 이론이다. 포스톤에 따르면 "마르크스의 '가치의 노동이론'은 노동 일반의 독특한 속성에 대한 이론이 아니라 부의 형태로서 가치의, 그리고 그것을 구성하는 것으로 간주되는 노동의 역사적 특수성에 대한 분석"이다(TLSD: 26).

따라서 시대착오적인 진리/허위의 이분법에 갇혀 허위에 가려진 진실을 드러내는 전도의 논리와 비판을 동일시한다고, 그런 협소한 의미의 탈신비화·탈물신화를 특권화한다고 비난받는 전통적 비판이론과 포스톤의 비판이론은 구별되어야 한다. 노동과 가치, 상품과 화폐, 자본과 시간 등 역사적으로 특수한 사회형태들에 대한 범주적 비판으로 재정식화된 포스톤의 비판이론은 "자본주의적 사회구성체의 역사적 발전이 이미 명확한 형태로 제공한 바로 그 답을 분석하고 해체하고 재구성하는" 사회적 구성, 즉

"사회적 실천의 규정적 형태에 의한, 자본주의 사회의 핵심에 놓여 있으며 사회적 대상성과 주체성의 형태들을 구성하는 요소인 역사적으로 특수한 형태의 사회적 매개의 구성"의 이론이기 때문이다(Chambers, 2018: 139; TLSD: 398).

마르크스를 따라 포스톤은 자본주의 사회에서 가치가 실천적으로 추상적인 노동이라는 사회형태로만 나타난다는 점을 명확히 했다. 포스톤은 전통적 비판이론이 '추상노동'이라는 사회형태를 초역사적으로 주어진 자연적 형태로 오해했다고 지적하며, 노동이 자본주의라는 역사적으로 특수한 사회구성체 내에서 발생하는 특수한 가치형태, 특히 사회적 매개라는 기능을 수행하는 사회형태임을 입증하는 데 주력했다. 이로써 포스톤은 노동의 존엄성을 찬양하고 노동가치(상품으로서 노동력의 가치)의 재평가를 운동 원칙으로 삼았던 전통적 마르크스주의, 즉 '노동운동 마르크스주의' 또는 '세계관 마르크스주의'로 불리는 것과 정면으로 대립했다(Krisis, 2007: 96; Heinrich, 2016: 36).

포스톤은 전통적 마르크스주의가 사회 정의를 실현하는 데 나름의 공헌을 했다고 해도, 역사적으로 특수한 형태의 노동을 가치의 실체이자 잉여가치의 원천으로 만드는 것은 자본주의 그 자체이기 때문에 노동을 비판의 대상이 아닌 비판의 입지점(立地點, standpoint)으로 삼는 모든 이론적·실천적 기획은 가치형태에 대한 마르크스의 비판에서 벗어난다는 점을 일관되게 지적했다. 자본주의에 반대하는 유일한 방법은 그 구조나 효과를 공정하게 '가치평가'하는 것이 아니라 그 범주와 형태 자체를 근본적으로 무효화하고 총체적으로 재구성하는 것이라고 믿었기 때문이다. 비판적 사유가 위기에 처한 이 시대에 포스톤을 통해 비판이론을 새롭게 읽(어야 하)는 이유가 여기 있다.

## 참고문헌

백승욱(2017). ≪생각하는 마르크스≫. 북콤마.

Best, B., Bonefeld, W., & O'Kane, C.(eds.)(2018). *The SAGE Handbook of Frankfurt School Critical Theory*. SAGE.

Brentel, H.(2013). *Soziale Form und ökonomisches Objekt: Studien zum Gegenstands-und Methodenverständnis der Kritik der politischen Ökonomie*. Springer.

Chambers, S.(2013). *The Lessons of Rancière*. New York: Oxford University Press. 김성준 옮김(2019). ≪랑시에르의 교훈≫. 그린비.

Chambers, S.(2018). *There's No Such Thing as "The Economy": Essays on Capitalist Value*. California: Punctum Books.

Foster, H.(2012). Post-Critical. *October, 139*, pp. 3-8.

Gordon, P. E., Hammer, E., & Honneth, A.(eds.)(2019). *The Routledge Companion to the Frankfurt School*. Routledge.

Heinrich, M.(2004). *Kritik der politischen Ökonomie. Eine Einführung*. Schmetterling Verlag. 김강기명 옮김(2016). ≪새로운 자본 읽기≫. 꾸리에.

Krisis(1999). *Feierabend!*. Hamburg: Konkret Literatur Verlag. 김남시 옮김(2007). ≪노동을 거부하라!: 노동 지상주의에 대한 11가지 반격≫. 이후.

Lange, E. L.(2018). Moishe Postone: Marx's Critique of Political Economy as Immanent Social Critique. In Best, B., Bonefeld, W., & O'Kane, C.(eds.). *The SAGE Handbook of Frankfurt School Critical Theory*. SAGE.

Latour, B.(2004). Why Has Critique Run out of Steam? From Matters of Fact to Matters of Concern. *Critical Inquiry, 30*(2), pp. 225-248. 이희우 옮김(2023). "왜 비판은 힘을

잃었는가? 사실의 문제에서 관심의 문제로". ≪문학과사회≫, 36(3), 291-318쪽.

Marx, K.(1973). *Das Kapital: Kritik der politischen Ökonomie Bd. 2, Der Zirkulationsprozess des Kapitals.* MEW Bd. 24. Dietz Verlag. 강신준 옮김(2010). ≪자본 Ⅱ≫. 길.

Murray, P.(2016). *The Mismeasure of Wealth: Essays on Marx and Social Form.* Brill.

Postone, M.(1993/2003). [TLSD] *Time, Labor, and Social Domination: A Reinterpretation of Marx's Critical Theory.* Cambridge University Press.

Rancière, J.(2008). *Le spectateur émancipé.* La fabrique éditions. 양창렬 옮김(2016). ≪해방된 관객≫. 현실문화.

Rubin, I. I.(1972). *Essays on Marx's Theory of Value.* Black & Red. 함상호 옮김(1989). ≪마르크스의 가치론≫. 이론과실천.

Sedgwick, E. K.(2003). *Touching Feeling: Affect, Pedagogy, Performativity.* Duke University Press.

Teixeira, R. A. & Rotta, T. N.(2012). Valueless Knowledge-Commodities and Financialization: Productive and Financial Dimensions of Capital Autonomization. *Review of Radical Political Economics, 44*(4), pp. 448-467.

Thompson, M. J.(2016). *The Domestication of Critical Theory.* Lanham, Rowman & Littlefield.

Thompson, M. J.(ed.)(2017). *The Palgrave Handbook of Critical Theory.* Springer.

# 차례

일러두기

- 인명, 작품명, 저서명, 개념어 등은 한글과 함께 괄호 안에 해당 국가의 원어를 병기했습니다.
- 외래어 표기는 현행 어문규정의 외래어표기법을 따랐습니다. 단, 국역본이 있는 책의 저자명이나 국역본에서 발췌한 인용문에 나오는 인명은 국역본의 표기를 준용하고, '[ ]' 안에 외래어표기법에 따라 표기한 이름을 병기했습니다.
- 이 책에서 주로 다루는 모이셰 포스톤의 ≪시간과 노동 그리고 사회적 지배: 마르크스의 비판이론에 대한 재해석(Time, Labor, and Social Domination: A Reinterpretation of Marx's Critical Theory)≫(1993/2003)은 서문과 본문의 내주에서 약자인 "TLSD"로 표기했습니다.

# 01
# 전통적 비판이론의 비판 양식

포스톤은 전통적으로 마르크스주의와 사회주의 운동을 지배했던 자본주의 비판 양식, 즉 '노동을 입지점으로 삼는 자본주의 비판'과 마르크스의 성숙기 저작들에서 그것과 다름에도 명확히 식별되지 않았던 '자본주의에서 노동에 대한 비판'을 엄밀히 구별함으로써 마르크스적 비판이론이 지향해야 할 자본주의 비판 양식을 20세기의 맥락에서 새롭게 복원했다. 포스톤은 노동을 비판의 입지점으로 삼아 온 자본주의 비판 양식을 포괄해 '전통적 마르크스주의'로 명명하고, 그러한 경향과의 단절을 강하게 요구했다. 노동은 자본주의 비판이 착수되는 규범적 토대인가, 아니면 그 자체로 비판 대상인가? 이것이 비판이론을 비판하는 포스톤의 비판이론의 출발점이다.

## 노동은 비판의 입지점인가, 비판의 대상인가

≪시간과 노동 그리고 사회적 지배≫에서 포스톤은 이른바 '전통적 마르크스주의(traditional Marxism)'가 지금까지 마르크스의 근본적 범주를 불충분한 정도가 아니라 잘못 해석해 역사적으로 특수한 생산 양식에 기초한 일반적 사회관계로서 자본주의에 대한 불완전한 이해를 낳았으며, 그 극복 가능성에 대해서도 의심스러운 해석을 끌어냈다고 평가한다. 이러한 잘못된 해석의 역사를 배경으로 마르크스적 비판의 방법과 대상을 다시 사유하려 시도한다.

그렇다면 포스톤이 말하는 전통적 마르크스주의란 정확히 무엇을 말하는가? 가장 일반적인 수준에서 전통적 마르크스주의의 자본주의 비판은 방법론적으로 '자본주의에서 노동에 대한 비판(critique of labor in capitalism)'이 아니라 '노동을 입지점으로 삼는 비판(critique from the standpoint of labor)'이다. 노동을 자본주의 비판이 착수되는 규범적 토대로 삼을 것인가, 아니면 그 자체로 비판 대상으로 볼 것인가가 이 두 비판을 구별한다.

포스톤에 따르면 전통적 마르크스주의는 자본주의를 특징짓는 사회적 삶의 측면들(예컨대 시장과 사적 소유)과 노동에 의해 구성되는 사회적 영역 사이에 구조적 긴장이 존재한다고 가정한다. 그러므로 노동은 자본주의 비판의 기반, 즉 그러한 비판이 착수되는 '입지점'을 형성한다. 반면 포스톤이 추구하는 "마르크스의 비판이론에 대한 재해석"은 자본주의에서 노동이 역사적으로 특수하며, 그 사회의 본질적 구조를 구성한다고 파악한다. 따라서 노동은 자본주의 사회에 대한 비판의 입지점이 아니라 오히려 그 '대상(object)'으로 재규정된다(TLSD: 5-6).

포스톤은 '전통적 마르크스주의'가 노동을 "정의, 이성, 보편성 그리고 자연의 이름으로 이루어지는 사회 비판을 위한 규범적 입지점"으로 간주했다고 지적한다(TLSD: 64). 전통적 마르크스주의자들은 마르크스의 비판을 비의식적이고 '무정부적인' 분배 양식과 자본가 계급에 의한 잉여가치의 비명시적이고 사적인 전유에 대한 것으로 받아들였다. 이때 자본주의의 극복은 비의식적으로 매개되는 분배형태를 폐지함으로써 의식적이고 합리적으로 규제되는 사회적 삶의 양식을 회복하는 것으로 이해된다. 이는 곧 생산적 노동으로만 창출되는 사회적 잉여를 비생산적인 자본가 계급이 전유하는 착취관계를 폐지하고, 생산적 노동자 계급이 다시 그 잉여를 전유하는 것을 의미한다. 전통적 마르크스주의자들은 그럴 때 비로소 노동이 사회적 삶의 규제 원리로 공개적으로 출현해 일반적 원칙에 입각한 합리적이고 정의로운 사회, 곧 자본주의를 넘어서는 사회주의 사회가 실현된다고 보았다.

하지만 포스톤에 따르면 마르크스의 자본주의 분석은 착취와 부르주아적 분배 양식(시장과 사적 소유)을 비판하기는 하지만, '노동'을 비판의 입지점으로 삼은 채 전개되지는 않는다. 오히려 마르크스의 자본주의 비판은 자본주의에서 이루어지는 노동에 대한 비판에 기초한다. 왜 그러한가? 자본주의 사회에서 "노동은 사회적으로 매개적인 활동으로서 그 역사적으로 특수한 기능을 통해 자본주의에 노동 자체의 사회적 성격을 정초하며", 바로 그러한 의미에서 "자본주의에서 노동은 그 자체의 사회적 지반(ground)"이기 때문이다(TLSD: 151). 요컨대 포스톤은 마르크스의 비판이론을 재해석하면서 자본주의에서 노동이 사회적 관계를 매개하는 역사적으로 특이한 역할을 수행한다는 것, 따라서 노동이 자본주의 비판의 중심 대상이며 그것의 폐지가 자본주의 극복의 결정적 관건임을 보여 주려 했다(TLSD: 16-17).

## 초역사적 노동관의 오류

포스톤은 '노동을 입지점으로 삼는 비판'을 전개하는 모든 형태의 전통적 마르크스주의의 핵심에 노동에 대한 '초역사적(transhistorical)' 착상이 자리 잡고 있다고 주장한다. 전통적 마르크스주의의 초역사적 노동관에서 마르크스의 노동 범주는 인간과 자연을 매개하는 목표 지향적인 사회적 활동으로 이해되며, 한정된 인간의 욕구를 충족하기 위해 특수한 생산물을 창조하는 것으로 파악된다. 이렇게 이해된 노동은 인간의 사회적 삶의 세계를 구성하고 모든 사회적 부의 원천이 됨으로써 결국 모든 사회적 삶의 중심에 있는 것으로 간주된다. 이러한 접근은 마르크스가 자본주의에서 노동의 역사적으로 특수한 특징이라고 분석한 것을 역사를 초월해 모든 사회에 통용 가능한 것으로 바꿔 버린다. 그야말로 노동을 '초역사화'하는 것이다.

그런데 이렇게 노동을 시공간을 초월한 '인간의 조건'으로 당연시해 버리면, 역설적이게도 그러한 노동에 대한 자본의 지배 또한 자본주의에 철저하게 '외재적인' 것으로 사고할 수밖에 없게 된다. 노동이 초역사적 범주이므로 노동에 대한 지배가 굳이 자본주의에만 해당되지 않기 때문이다. 따라서 전통적 마르크스주의는 생산 자체를 비판하는 대신 산업적 생산 양식을 분배 양식의 역사적 적합성을 판단하는 비판의 입지점으로 삼는 데 몰두한다(TLSD: 9). 그 결과 전통적 마르크스주의는 노동을 인간과 자연 간의 물질대사를 제공하는 본원적 활동으로, 그 자체로 가치 있는 사회적 실천으로, 자본주의에서조차 긍정적 성격을 지닌 활동으로 낭만화한다는 난점에 직면한다.

하지만 성숙기 저작들(≪정치경제학 비판 요강≫부터 ≪자본≫에 이르는 후기 저작들)에서 마르크스는 노동의 이중적 성격을 명확히 한다. 즉 노동생산물로서 상품이 사용가치(use-value)와 가치(value)를 갖는 것처럼, 상품을 생산하는 노동 역시 사용가치를 생산하는 노동(구체노동)과 가치를 생산하는 노동(추상노동)이라는 이중적 측면을 지닌다고 주장한다(Marx, 2008a: 95-102). 포스톤은 구체노동을 노동생산성과 결부된 잉여가치에 관한 '생산적 활동(productive activity)'으로, 추상노동을 (사회적 필요 노동시간으로 그 크기가 측정되는) 가치를 구성하는 '사회적으로 매개적인 활동(socially mediating activity)'으로 재개념화한다(TLSD: 150).

물론 포스톤에게 생산적 활동으로서 노동은 초역사적 의미에서 (상품에 한정되지 않는) 모든 노동생산물의 유용성을 생산하는 합목적적 활동으로서 '노동 일반'을 뜻하지 않는다. 자본가가 그 주인인 노동력 상품의 쓸모로서 '노동 행위', 즉 자본주의적 가치화·가치 증식(valorization)의 논리에 종속된 노동 과정에서 노동생산성의 증대를 수반하는 '잉여가치 생산적인' 노동으로 범주화될 수 있는 구체노동을 말한다. 자본주의에서는 시장 교환으로 개별 노동자들의 노동생산물에 사후적으로 주어지는 화폐적 가치를 통해 그들의 사적 노동이 비로소 '사회적 노동'이 되는 추상화 메커니즘이 작동하기 때문에, 각 노동자들의 구체노동은 (오직 잉여가치를 생산하는 한에서) '생산적 활동'이 된다. 이는 자본주의에서 구체노동은 추상노동에, 노동 과정은 가치 증식 과정에 종속되어 있음을 뜻한다. 노동 과정에 대한 가치 증식 과정의 지배로 인해 노동 과정에 끊임없이 혁신이 일어나 노동생산성의 증대가 이루어진다. 그러나 노동생산성의 증대는 '상대적 잉여가치'를 증대하기 위한 산업자본 특유의 수단임을 잊어서는 안 된다. 따라서 포스톤은 자본주의적 생산 양식에서 노동의 두 계기가 내재적인 변증법적 동역학을 초래하는 방식으로 상호 결정적임을 강조한다.

## 생산중심주의의 한계

포스톤은 마르크스를 따라서 '사용가치 생산적인' 구체노동과 '가치 생산적인' 추상노동의 구별을 '자본주의에서 노동에 대한 비판'으로서 마르크스 재해석 작업의 출발점으로 삼는다(Lange, 2018: 520). 특히 후자, 즉 자본주의에서 가치를 생산하는 노동의 역사적·체계적 특수성을 해명하는 데 많은 지면을 할애한다(TLSD: 123-185). 그러한 특수한 형태의 노동만이 자본주의 특유의 가치형태에 의해 매개된 특수한 형태의 사회적 결합을 구성한다고 보았기 때문이다.

하지만 자본주의에서 노동이 사회적 관계를 매개하는 결정적 기능을 수행한다는 마르크스의 강조점은, 노동을 통해 이루어지는 물질적 생산 과정이 사회적 삶의 다른 영역보다 더 중요하고, 노동자들이 다른 사회 집단보다 더 중요한 역할을 한다는 이른바 '생산중심주의(productivism)'와는 무관하다(TLSD: 16-17). 포스톤은 마르크스의 비판이론이 역사적으로 특수한 자본주의적 생산의 형태와 자본주의를 특징짓는 지배적인 부(富)의 형태(즉 가치)에 대한 비판의 토대를 제공한다고 주장한다. 즉 포스톤에 따르면 자본주의에서 노동의 특수성에 대한 마르크스의 분석은 자본주의적 상품 생산이 순수한 기술적(technical) 과정이 아님을 보여 준다. 오히려 생산은 기본적인 사회적 관계들과 결부되어 있고 그 관계들에 의해 형성되기 때문에 단순히 자기조정적 시장이나 불평등을 유발하는 사적 소유 탓에 그것을 문제 삼아서는 안 된다고 말한다.

이처럼 포스톤은 마르크스의 비판이론이 자본주의 사회에서 노동이 담당하는 역할의 역사적 특수성을 강조한다는 사실에 기초해 전통적 마르크스주의의 생산중심주의를 거부한다. 즉 마르크스가 노동은 가치의 실체며 이 가치의 생산과 재생산이 자본주의 사회의 유일한 존재 근거라고 설명한 이상, 전통적 마르크스주의처럼 임금노동(자), 산업생산 방식, 제한 없는 산업적 경제성장 모델을 무비판적으로 긍정하는 생산중심주의는 결코 용납될 수 없다고 주장한다(TLSD: 17, 29; Weeks, 2011: 15 참조).

포스톤은 전통적 마르크스주의자들이 초역사적 노동관과 생산중심주의에 기초해 작업했기 때문에 마르크스 사상의 진정한 핵심을 놓쳤다고 주장한다. 그들은 노동이 사회형태와 무관하게 태곳적부터 존재한 본원적 활동이라는 식의 노동에 대한 물신화한 믿음을 갖고 있었을 뿐 아니라, 자본주의적 생산력의 발전과 더불어 생산을 담당하는 프롤레타리아트의 혁명적 역량이 증대해 마침내 소외된 노동을 해방하고 사회주의를 쟁취할 것이라고 보았다. 여기서 초역사적 노동관이 생산중심주의가 자라나는 일종의 모체(matrix)로 기능하고 있음을 알 수 있다.

그러나 자본주의는 생산중심주의에 절대적으로 의존하기 때문에, 생산중심주의를 자본주의와 공유하는 이상 자본주의에 비판적 거리를 두기란 요원한 일이다. 자본주의는 정부와 기업 등을 통해 생산중심주의를 부단히 '생산'하고, 그것이 사회 규범이 되도록 널리 '유통'하며, 그렇게 자리 잡은 생산중심주의를 끊임없이 '소비'하며 유지되는 사회 체계다. 그러므로 생산중심주의를 받아들이거나 그것에 근거해 자본주의를 비판하는 것은 언제나 자본주의적 사회관계를 적절히 분석하는 데 실패할 수밖에 없다. 요컨대 "생산중심주의적 존재론에 대한 비판은 자본에 대한 동시적 비판에 의존하며, 자본에 대한 비판 역시 생산중심주의에 대한 비판 없이는 불가능하다"(Vitale, 2016: 132).

포스톤은 마르크스가 자본주의 사회에서 중심적 기능을 수행하는 노동과 생산을 적극적으로 비판했다고 주장한다. 포스톤에 따르면 마르크스는 자본주의를 구조화하는 사회형태(즉 상품과 화폐) 속에서 '자본주의의 일반적 구조화 형태의 모순'의 근거를 찾으려 했고, 생산력을 생산관계의 '족쇄'로부터 '자유롭게 하는' 것을 (전통적 마르크스주의의 오해와 달리) 자본주의에서 가치와 노동의 특수한 성격을 모두 폐지하는 것으로 이해했다(TLSD: 35). 따라서 포스톤은 "자본주의적 사회구성체 특유의 산업적 생산 양식뿐 아니라 그 본유적·역사적 논리의 부정까지도 수반"하는 철저한 '반생산중심주의적 마르크스주의'를 대변한다(Weeks, 2011: 15).

결국 포스톤의 관점에서 노동은 (자본과 적대적인 것이 아니라) 자본의 구성 요소 중 하나일 뿐이다(Lange, 2018: 522). 더욱이 포스톤은 "자본에 내재적인 성장의 바로 그 본성에 대한, [성장의] 동역학 그 자체의 궤도에 대한 비판"을 추구한다는 점에서 생산중심주의 역시 비판의 대상으로 삼는다(TLSD: 327). "생산적 노동자가 된다는 것은 전혀 행운이 아니며 오히려 지독한 불운"이라는 마르크스의 언급을 인용하면서, 포스톤은 "생산적 노동은 노동 자신의 지배에 대한 구조적 원천"이라고 선언하기에 이른다(Marx, 2008b: 700-701; TLSD: 356).

## 참고문헌

Lange, E. L.(2018). Moishe Postone: Marx's Critique of Political Economy as Immanent Social Critique. In Best, B., Bonefeld, W., & O'Kane, C.(eds.). *The SAGE Handbook of Frankfurt School Critical Theory*. SAGE.

Marx, K.(1979). *Das Kapital: Kritik der politischen Ökonomie Bd. 1, Der Produktionsprozess des Kapitals*. MEW Bd. 23. Dietz Verlag. 강신준 옮김(2008a). ≪자본 Ⅰ-1≫. 길; 강신준 옮김(2008b). ≪자본 Ⅰ-2≫. 길.

Postone, M.(1993/2003). [TLSD] *Time, Labor, and Social Domination: A Reinterpretation of Marx's Critical Theory*. Cambridge University Press.

Vitale, S.(2016). Castoriadis, Marx, and the Critique of Productivism. *Telos*, *174*, pp. 129-148.

Weeks, K.(2011). *The Problem with Work*. Duke University Press.

## 02
## 전통적 마르크스주의의 자본주의 이해

전통적 마르크스주의는 생산수단을 소유한 자본가 계급이, 생산수단이 없기 때문에 자신의 노동력을 팔아 생계를 유지해야 하는 노동자 계급이 생산하는 잉여를 전유함으로써 결국 그들을 착취하고 지배하는 계급관계 측면에서 자본주의의 문제점을 지적해 왔다. 포스톤은 이러한 접근이 내재적 비판이 제공할 수 있는 '총체성'이라는 입지점에서 벗어났다고 한탄한다. 전통적 마르크스주의는 자본주의를 특수한 사회형태가 아니라 단지 계급 지배의 한 형태로 이해함으로써 자본주의 특유의 요소들과 그것을 이전의 다른 모든 사회구성체와 근본적으로 차별화하는 지점, 즉 가치와 시간에 의한 추상적·비인격적 형태의 사회적 지배를 고려 대상에서 제외해 버렸다.

## 자본가 계급에 의한 노동자 계급의 지배

포스톤은 ≪시간과 노동 그리고 사회적 지배≫를 비롯한 여러 저작들에서 '전통적 마르크스주의'라는 용어를 마르크스주의의 특수한 역사적 경향이 아니라 노동을 입지점으로 삼아 자본주의를 분석하는 일체의 사유 형태, 좀 더 구체적으로는 자본주의 사회를 생산수단의 사적 소유와 자기조정적 시장경제로 구조화된 계급 지배 관계의 측면에서 본질적으로 특징짓는 모든 이론적 접근을 지칭하는 용어로 사용한다. 요컨대 전통적 마르크스주의는 자본주의 사회의 지배관계를 주로 계급 지배와 자본에 의한 노동 착취의 관점에서 분석하고 비판한다는 것이다(TLSD: 7).

흔히 마르크스는 자본주의적 발전 과정에서 자본주의를 특징짓는 "사회적 관계" 즉 '생산관계'라 불리는 자본-노동의 계급관계와 '생산력' 사이에 구조적 긴장 또는 모순이 발생한다고 주장한 것으로 알려져 있다. 전통적 마르크스주의는 자본주의를 "(사적 소유와 시장으로 해석되는) 사회의 기초적 사회관계와 (노동 그리고 산업적 생산 양식의 측면에서 해석되는) 생산력 간의 증대되는 구조적 모순으로 특징짓는다"(Postone, 2022: 242). 이는 결국 사적 소유와 시장을 자본주의의 근본적 특징으로 간주하고 미래 사회주의의 기반이 여전히 산업적 생산에 있다고 보는 '생산주의적 패러다임'의 전형적 사례다. 따라서 당연히 사회주의는 산업화된 맥락에서, 생산수단의 집단적 소유와 계획 경제(planned economy)라는 측면에서 암묵적으로 이해된다. 즉 자본주의의 역사적 부정은 주로 한 계급이 다른 계급을 지배하고 착취하는 것이 극복되는 사회로 간주된다.

그러나 포스톤은 다른 입장을 취한다. 자본주의가 자본가 계급이 노동자 계급을 착취하고 지배하는 계급사회라는 전통적 마르크스주의의 정의가 전적으로 오류는 아닐지라도, 포스톤은 이러한 관점이 내재적 사회 비판이 착수되(어야 하)는 비판의 입지점, 즉 노동이 아니라 사회적 총체성 그 자체에서 벗어났다고 지적한다. 자본주의를 역사적으로 특수한 '사회'의 한 형태가 아니라 단지 '계급 지배'의 한 형태로 이해함으로써 그것이 이전의 사회구성체들과 근본적으로 차별화되는 지점이 무엇인지 놓쳤다는 것이다. 포스톤이 보기에 이는 가치와 시간에 의한 추상적·객관적·비인격적 형태의 지배가 자본주의를 특징짓는 사회관계임을 암시한다.

마르크스의 분석을 자본주의적 노동에 대한 역사적으로 특수한 비판으로 해석하는 것은 전통적인 마르크스주의적 해석의 그것과는 매우 상이한 자본주의 사회에 대한 이해로 이어진다. 예컨대 그것은 자본주의를 특징짓는 사회적 관계들과 지배의 형태들이 마르크스의 분석에서는 소유관계에 바탕을 둔, 그리고 시장에 의해 매개된 계급관계의 측면에서 충분히 이해될 수 없음을 시사한다. 오히려 이러한 상품과 자본, 즉 자본주의에서 노동에 의해 구성되는 사회적 매개의 준(準)객관적인 형태들에 대한 분석은 이러한 사회의 근본적인 사회적 관계들에 대한 분석으로 이해되어야 한다. 이러한 비인격적이고 추상적인 사회형태들은 전통적으로 자본주의의 '실제적' 사회적 관계들 즉 계급관계로 여겨져 온 것들을 단순히 베일로 가리지 않는다.(TLSD: 6)

포스톤에 따르면 자본주의를 단순히 계급사회로 보는 관점은 비판의 가능성을 자본주의적 근대성의 이상과 현실 간 괴리에서 찾을 뿐, 노동을 포함해 자본주의 사회를 매개하는 가치형태가 지닌 모순적 본질에서 비판을 착수하지 않는다. 결국 긍정적·외재적 비판의 범주에 머물러 있다는 한계를 지닌다(TLSD: 67).

## 노동에 대한 물신주의적 사고

포스톤이 보기에 전통적 마르크스주의는 노동에 기반한 '규범적-역사적' 비판이론이다. 이는 그 비판의 입지점이 "이미 존재하는 노동 구조와 그것을 수행하는 계급"이기 때문이다(TLSD: 66). 전통적 마르크스주의는 기존 노동 구조와 노동자 계급을 비판에서 면제한 뒤, 단지 기존 노동 구조가 더 이상 자본주의적 계급관계에 억눌리지 않고, 자본가들의 이익에 복무하는 데 사용되지도 않으며, 노동자들의 이익을 위해 의식적으로 통제될 때 자본의 지배로부터의 해방이 실현된다고 본다.

이렇게 극도로 미화된 노동자 계급[루카치의 ≪역사와 계급의식≫에 수록된 저 유명한 "사물화와 프롤레타리아트의 의식(Die Verdinglichung und das Bewußtsein des Proletariats)"에서 절정에 이르렀던 혁명적 주체로서의 프롤레타리아트]은 더 이상 폐지되어야 하는 것이 아니라 단지 피억압 계급으로서의 특정한 사회적 지위에서 해방되어야 할 뿐인 것이 된다(Lukács, 1999). 이때 '생산의 존엄성'은 사회주의적 미래와 전(前) 자본주의적 과거 사회로 실체화된다. 또한 그러한 맥락에서 산업적 생산은 '노동자'가 자신들의 노동을 구체화해 그동안 소외되었던 노동의 순수한 본질을 드러내고 그 잠재력을 발휘할 수 있는 장소로서 긍정적으로 표현된다. '노동'이라는 문제적 범주를 노동자들뿐 아니라 인류 전체의 자기실현의 장(場)으로 선포하는 것이다.

반면 포스톤의 내재적 사회 비판은 사회적 관계로서 자본의 '전도된(inverted)' 구조를 노동자 계급도 벗어날 수 없는 사회적 지배의 총체성으로 인식한다. 여기서 가치의 물신성(fetishistic character)은 자본가 계급이나 그 이데올로그들의 전유물이 아니다. 노동은 자본주의적 사회관계에 적대적인 것이 아니라 그 고유한 구성 요소 중 하나일 뿐이기 때문이다. 포스톤은 "노동자 계급은 가능한 미래 사회를 구현하기보다는 고통당하고 있는 현재의 필수적 토대다"라는 진술로 자신의 입장을 요약한다(TLSD: 357). 즉 노동은 자본의 타자이기는커녕 자본 안에서 자본의 총체적 지배에 스스로 복무하고 있는 자본의 일부에 불과하다고 본다. '반(反)노동' 선언으로까지 보이는 포스톤의 과격한 주장은 노동자 계급의 실천적 역량을 반(反)자본주의 정치의 핵심으로 삼는 다른 이론가들의 극렬한 비판을 불러일으켰다(Arthur, 2004; Bonefeld, 2004; Hudis, 2004).

하지만 마르크스주의의 여러 분파 가운데 어디에도 치우치지 않는 유연한 마르크스주의자로 평가받는 지리학자 데이비드 하비(David Harvey)조차 "'자본의 대상물'로서 그리고 '살아 있는 창조적 주체'로서 노동자의 이중성은 마르크스주의 이론에서 결코 적절하게 해결되지 않았다고 말하는 것이 타당하다"고 말한 바 있다(Harvey, 1995: 164-165). 노동이 자본 안에 통합된 자본의 지배 구조의 일부인가, 아니면 그러한 지배에 저항할 수 있는, 혹은 자본에 외재적으로 대립하는 자본의 전적인 타자인가 하는 문제가 마르크스주의 이론과 실천에서 해결되지 않는 노동 그리고 노동자 계급의 '아포리아'를 구성하고 있다는 지적이다.

"인간 존재들은 그들 자신의 노동을 통해 점점 그들을 예속화하는 현실을 생산한다"는 막스 호르크하이머(Max Horkheimer)의 유명한 언급 역시, 활동적이고 창조적인 역사의 주체로서 자신의 현실을 생산하는 인간 존재들이 다른 한편으로는 단지 스스로 자신을 자본에 예속시키는 자본주의적 현실의 객체에 지나지 않는다는 노동의 모순을 함축한다(Horkheimer, 1992: 245; Bonefeld, 2011: 77). 이러한 맥락에서 포스톤은 단순히 반(反)노동주의자가 아니라 노동의 아포리아를 극한까지 사유한 인물로 볼 수 있다.

## 계급투쟁이라는 물신?

어떠한 이유에서 전통적 마르크스주의는 노동을 인류의 자기실현을 위한 초역사적 동력으로 인식해 왔을까? 이 질문에 포스톤은 자본주의에서 노동의 특수한 형태인 추상노동이 그 자체로 초역사적인 것으로서 그 가상(假像, appearance)을 드러내기 때문이라고 답한다(TLSD: 166-171; Postone, 2022: 250; Lange, 2018: 523-527). 이 답변은 마르크스의 '추상노동' 개념에 관한 포스톤의 매우 독창적인 해석에 근거한다. 잘 알려져 있듯 마르크스는 ≪자본≫의 첫 장에서 추상노동을 "생리학적 의미에서의 인간노동력의 지출"로 규정한다(Marx, 2008a: 102).

그런데 루빈 이래의 마르크스주의 '가치형태론(value-form theory)'에 따르면 마르크스 저작 전반에서 추상노동은 순수하게 사회적인 범주며, 오직 자본주의에서만 가치를 생산하는 '실천적으로 추상적인 노동'으로 제시된다(Rubin, 1972: 135). 포스톤 역시 가치뿐 아니라 추상노동도 '생산의 결정된 사회형태들'이며, 마르크스가 생리학적 추상노동 개념을 전혀 의도하지 않았다는 루빈의 해석을 지지한다(TLSD: 145).

그렇다면 왜 마르크스는 ≪자본≫ 첫 장에서 추상노동

을 생리학적으로 개념화함으로써 추상노동에 대한 자연주의적 해석을 유도했는가? 포스톤에 따르면 이러한 최초 개념화는 마르크스의 '오류'가 아니라 "본질과 현상의 필수적 관계를 함축"하는, "본질을 특징짓는 것은 그것이 직접적으로 나타나지 않으며 나타날 수 없고, 오히려 구별되는 형태의 외양에서 표현을 발견해야만 한다"라는 방법론에 따른 조치였다(TLSD: 166). 요컨대 마르크스는 추상노동의 사회적으로 매개적인 기능을 설명하기 위해, 즉 그것에 대한 '내재적' 비판을 수행하기 위해 생리학적 기능과 같은 추상노동의 물신적 형태를 먼저 제시한 다음 비판적으로 그것을 다시 탐구하는 방식을 선택했다. 그러나 이러한 서술 방법은 역사적으로 특수한 노동(가치를 생산하는 실천적으로 추상적인 노동)을 생리학적 의미에서 초역사적으로 물신화한다는 오해를 낳고 말았다.

추상노동의 사회적으로 매개적인 기능이 인간의 활동과 자연을 매개하는 물질대사에 있지 않다는 것이 마르크스의 결론이었다. 그러나 "자본주의의 기저를 이루는 관계들이 노동에 의해 매개되기 때문에, 따라서 대상화되기 때문에, 그것은 역사적으로 특수하고 사회적인 형태가 아니라 초역사적으로 타당하고 존재론적으로 정초된 형태인 것처럼 나타난다. 생리학적 노동으로서 자본주의에서 노동의 매개적 성격이라는 가상은 자본주의에서 물신의 근본적 핵심이다”(TLSD: 170).

그런데 만일 이처럼 추상노동에 대한 생리학적 해석이 역사적으로 특수한 자본주의적 노동에 대한 초역사적 물신화라면, 그러한 노동관에 기초한 전통적 마르크스주의의 ‘계급투쟁’ 이론 역시 물신이라고 볼 수 있지 않을까? 비록 포스톤 자신은 그렇게까지 명시적으로 표현하지는 않았지만, 저널 ≪크리시스(Krisis)≫를 중심으로 활동한 로베르트 쿠르츠(Robert Kurz)와 노르베르트 트렝클레(Norbert Trenkle) 같은 독일의 일명 ‘가치비판(Wertkritik)’ 이론가들은 많은 부분에서 포스톤과 입장을 같이하면서도 자본주의를 계급사회의 한 형태로 이해하는 전통적 마르크스주의를 “계급투쟁 물신론”으로까지 몰아붙였다. 쿠르츠의 말을 그대로 인용하자면, “지난 세기 맑스주의[마르크스주의] 노동자 계급의 운동은 결코 자본주의의 저승사자(저 유명한 맑스[마르크스]의 은유)가 아니라, 정반대로 자본주의적 사회화를 끊임없이 추동하는 동력이자 그것의 발전을 돕는 조력자였을 뿐이다”(Kurz, 2014: 21).

쿠르츠는 마르크스의 이론에 자본주의의 내재적 성격에 대한 실증적 분석과 그 기본적인 범주들을 뛰어넘는 비판이 공존한다고 주장했다(이는 포스톤과도 구별되는 쿠르츠만의 "새로운 마르크스 독해"다). 즉 자본주의의 근대화와 발전을 지향하는 익히 '알려진(exoteric)' 마르크스와 자본주의의 기본 범주들과 사회형태들(가치, 노동, 상품, 화폐, 자본 등)을 비판하는 '숨겨진(esoteric)' 마르크스의 이중성을 지적했다(Larsen et al., 2014: xlvi; Kurz, 2014: 26-32; Hemmens, 2019: 6-32; Endnotes Collective, 2010: 97-101).

쿠르츠에 따르면 "알려진 맑스[마르크스]는 자본주의의 내재적 발전과 실증적으로 관련되어 있는 반면 숨겨진 맑스[마르크스]는 자본주의의 범주적 비판과 관련된 이론가다"(Kurz, 2014: 32). 쿠르츠는 숨겨진 마르크스가 "총체화하는 사회적 매개의 형태로서 가치에 대한 근본적 비판을 지닌" 반면 알려진 마르크스는 "그의 시대의 노동운동의 목표에 대한 지향과 지지를 공유하고 있는" 것으로 이해했다(Endnotes Collective, 2010: 97). 이런 맥락에서 쿠르츠의 계급투쟁 물신론은 포스톤의 전통적 마르크스주의 비판을 더욱 급진화하는 데 유용할 것이다.

## 참고문헌


Arthur, C.(2004). Subject and Counter-Subject. *Historical Materialism, 12*(3), pp. 92-102.

Bonefeld, W.(2004). On Postone's Courageous but Unsuccessful Attempt to Banish the Class Antagonism from the Critique of Political Economy. *Historical Materialism, 12*(3), pp. 103-124.

Bonefeld, W.(2011). *State, Capital, and Class: On Negation and Subversive Reason.* Not published. 서창현 옮김(2011). ≪전복적 이성≫. 갈무리.

Endnotes Collective(2010). *Endnotes 2: Misery and the Value Form.* Endnotes.

Harvey, D.(1982). *The Limits to Capital.* University of Chicago Press. 최병두 옮김(1995). ≪자본의 한계≫. 한울.

Hemmens, A.(2019). *The Critique of Work in Modern French Thought.* Springer.

Horkheimer, M.(1992). *Max Horkheimer Gesammelte Schriften,* vol. 3. Fischer Taschenbuch Verlag.

Hudis, P.(2004). The Death of the Death of the Subject. *Historical Materialism, 12*(3), pp. 147-168.

Kurz, R.(2006). *Marx lesen!: Die wichtigsten Texte von Karl Marx für das 21. Jahrhundert.* 강신준·김정로 옮김(2014). ≪맑스를 읽다≫. 창비.

Lange, E. L.(2018). Moishe Postone: Marx's Critique of Political Economy as Immanent Social Critique. In Best, B., Bonefeld, W., & O'Kane, C.(eds.). *The SAGE Handbook of Frankfurt School Critical Theory.* SAGE.

Larsen, N. et al.(2014). *Marxism and the Critique of Value.*

M-C-M'.

Lukács, G.(1986). *Geschichte und Klassenbewusstsein*. Luchterhand. 박정호·조만영 옮김(1999). ≪역사와 계급의식≫. 거름.

Marx, K.(1979). *Das Kapital: Kritik der politischen Ökonomie Bd. 1, Der Produktionsprozess des Kapitals*. MEW Bd. 23. Dietz Verlag. 강신준 옮김(2008a). ≪자본 Ⅰ-1≫. 길; 강신준 옮김(2008b). ≪자본 Ⅰ-2≫. 길.

Postone, M.(1993/2003). [TLSD] *Time, Labor, and Social Domination: A Reinterpretation of Marx's Critical Theory*. Cambridge University Press.

Postone, M.(2020). Capital and Temporality. In Musto, M.(ed.). *The Marx Revival: Key Concepts and New Critical Interpretations*. Cambridge University Press. 정구현 외 옮김(2022). "자본과 시간성". ≪마르크스의 부활: 핵심 개념과 새로운 해석≫, 239-265쪽. 한울.

Rubin, I. I.(1972). *Essays on Marx's Theory of Value*. Black & Red.

## 03
## 내재적·범주적·총체적 비판을 위하여

포스톤이 전통적 비판이론의 대안으로 제시한 새로운 비판이론은 내재적 비판이론, 범주적 비판이론, 총체적 비판이론으로 규정할 수 있다. 포스톤에 따르면 자본주의 사회에 대한 내재적 비판의 적절성은 그것이 사용하는 범주들의 적절성에 달려 있다. 그래서 포스톤에게는 무엇보다 자본주의적 사회구성체의 역사적 특수성을 포착할 수 있는 범주들이 필요하다. 이는 다른 내재적 비판이론가들과 달리 포스톤이 사용하는 범주들은 이상과 현실의 괴리가 아니라 그 자체로 자본주의 사회에 내재하는 역동적 모순을 드러냄으로써 우리에게 현재의 '있는 것'에서 미래의 '있어야 할 것'으로 이행하는 역사적 가능성을 보여 줄 수 있어야 하기 때문이다.

## 내재적 비판

헤겔과 청년 마르크스 이래 마르크스주의와 비판이론을 포괄하는 좌파 헤겔주의 전통에서 내재적 비판(immanent critique)은 사회 현실에 대한 유물론적 비판의 가장 중요하고 유력한 방식으로 받아들여져 왔다. 마르크스는 일찍이 헤겔의 ≪법철학 강요(Grundlinien der Philosophie des Rechts oder Naturrecht und Staatswissenschaft im Grundrisse)≫(1820)에 대한 비판적 논평으로 발표한 ≪헤겔 법철학 비판(Zur Kritik der Hegelschen Rechts-philosophie)≫(1843)의 한 대목에서 다음과 같이 말했다.

> 참된 철학적 비판은 모순들이 존립하고 있다고 지적할 뿐만 아니라 모순을 해명하고 모순의 생성, 모순의 필연성을 개념적으로 파악한다. 그것은 모순들을 모순 고유의 의미에서 이해한다.(Marx, 2011: 198)

이로써 마르크스는 비판받는 대상으로 하여금 자신을 비판하도록 하는 내재적 비판의 원칙을 확립했다. 이후 호르크하이머와 아도르노부터 하버마스를 거쳐 벤하비브, 호네트, 라헬 예기(Rahel Jaeggi) 등에 이르기까지 여러 저명한 비판이론가들이 내재적 비판을 사회 비판의 주된 방법으로 사용해 왔다.

포스톤 역시 자신의 비판을 마르크스에 근거해 비판 자체의 사회적·역사적 맥락 내에서 그 가능성의 조건을 설명할 수 있는 내재적 비판으로 제시한다. 포스톤은 자본주의 사회에 대한 비판이론이 그 논리적 일관성을 유지하려면 우선 그것이 초역사적 노동과 같이 이론의 세계 바깥에 있는 입지점에서 착수될 수 없음을 명확히 한다. 비판은 스스로를 자신이 탐구하는 맥락에 내재된 것으로 간주해야만 하며, 외재적인 규범적 입장을 취할 수 없다. 포스톤의 말대로 "이는 내재적 비판이 '있는 것'(is, 존재)을 그 대상 외부에서의 개념적 위치[예컨대 초월적인 '있어야 할 것'(ought, 당위)]에서 비판적으로 판단하지 않음"을 뜻한다. 그 대신 내재적 비판은 비판의 '당위'를 "현존하는 사회에 내재하는 가능성"으로 위치시킬 수 있어야 한다(TLSD: 87-88).

포스톤은 마르크스의 내재적 비판을 산업적 생산 양식이나 자본-노동의 계급 구조 또는 대안적·비판적 정치경제학으로 제한하는 해석에 맞서, 마르크스의 이론이 비판의 대상뿐 아니라 비판의 규준 자체도 특수한 범주·개념에 의해 매개된 것으로 이해했다고 주장한다(Lange, 2018: 516).

즉 내재적 비판은 자신을 성찰적으로 파악하고 자신이 놓여 있는 사회적 맥락의 성격 속에서 자기 존재의 가능성을 정초할 수 있어야 한다는 의미에서도 '내재적'이라는 것이다. 이로써 자본주의에 대한 내재적 비판이 단순히 사회의 현실을 그 이상과 대립시키는 방식으로 구성되지 않는다는 점이 특히 강조된다. 이는 포스톤이 자신의 내재적 비판을 다른 이론가들의 그것과 차별화하는 결정적 지점이다.

포스톤에 따르면 전통적 마르크스주의자들은 내재적 비판의 본질적 목적이 '공정한 등가 교환' 같은 부르주아 이데올로기들을 벗겨 내고 그것들이 숨기고 있는 실재(예를 들어 노동 착취)를 드러내는 것이라고 가정한다. 물론 하버마스나 호네트처럼 마르크스주의에 거리를 두는 비판이론가들은 이데올로기와 실재의 대립 대신 근대성 자체에 내재하는 이상(자유·평등·이성·인권·민주주의 등)과 지배·착취·불평등·소외 등의 현실적 간극을 드러내는 방식으로 내재적 비판을 시도한다. 가령 호네트는 "사회적 현실 내에서 기존 질서로부터의 초월 가능성을 보장하는 차원은 동시에 어떻게 사회적 조직 형태에서 규범적 변화와 개선이 이루어지는지 역시 역사적으로 설명할 수 있어야 한다"고 주장하면서 자신의 내재적 사회 비판 프로그램을 인정과 사회적 자유의 이론을 통해 제시한다(Fraser &

Honneth, 2014: 366). 호네트의 내재적 비판은 사회 제도와 실천에 내재된 규범적 원칙들과 합리적 잠재성을 통해 사회를 평가하면서 집단적 삶에서 이성의 실현과 합리적 자유의 획득에 초점을 맞춘다(Honneth, 2009).

반면 자본주의 사회에서 노동이 지닌 역사적 특수성, 즉 사회를 매개하는 기능에 관한 분석에 기초한 포스톤의 내재적 비판은 전혀 다른 방향으로 전개된다. 포스톤은 단순히 무시, 차별, 배제와 같은 자본주의 사회의 문제적 '현상'을 들여다보고 그 표면을 심층의 구조(노동 착취, 상품·계급 구조 등)와 모순적으로 대립시키지 않는다. 오히려 성숙한 마르크스가 정치경제학 비판 저작들에서 전개한 내재적 비판을 따라 그 기저를 이루는 사회적 총체성을 단순히 현상의 표면 수준이 아니라 자본주의 그 자체에 특유한 것으로 분석한다. 따라서 포스톤은 내재적 비판이론이 자본주의의 극복 가능성을 가리키는 방식으로 표면과 기저의 현실 모두를 파악하려 한다고 주장한다. 포스톤에게 이런 식으로 이론의 대상을 역사적으로 특수하게 종별화하는 것은 곧 이론 그 자체를 종별화함을 뜻한다(TLSD: 88-89).

## 범주적 비판

비판하는 주체 자신의 내재적 관점에 대한 인정 또는 요구는 주체와 객체, 긍정성과 부정성, 보편성과 특수성, 본질과 현상, 내용과 형식, 실체와 기능, 동태적인 것과 정태적인 것 등의 모순적 관계를 강조하는 정치경제학 비판의 핵심 범주들을 중시하도록 포스톤을 이끈다(Lange, 2018: 516). 그리하여 포스톤은 성숙한 마르크스가 가치, 노동, 상품, 화폐, 자본 등과 같은 이론적 범주들을 통해 자본주의 사회를 파악하려 한 시도를 지칭하기 위해 '범주적(categorial)'이라는 용어를 선택하고, 이를 범주적 (재)해석, 범주적 독해, 범주적 분석, 범주적 비판 등 다양한 형태로 표현한다(TLSD: 17).

사실 포스톤의 범주적 비판은 20세기 마르크스주의 내에서 나타난 '비판적 가치론'에 기반을 둔다. 비판적 가치론은 다양한 이단적 저자들에 의해 형성된 느슨한 의미의 조류 혹은 운동으로, 마르크스의 가치론을 해석하면서 전통적 마르크스주의에 대한 비판과 단절이라는 문제의식을 공유한다(Ouellet, 2015). 비판적 가치론을 주장하는 범주적 이론가들은 정치경제학을 구성하는 주요 범주들을 그 자체로 자본주의 사회를 구성하는 '물신' 또는 '실재추상(real abstractions)'으로 간주하고 비판한다. 정치경제학의 중심 범주들(노동, 가치, 상품, 화폐, 자본, 잉여가치, 임금, 이윤, 이자, 지대 등)을 자연적이거나 경제(학)적인 범주가 아니라 역사적으로 특수한 형태의 사회적 상호의존의 범주, 정확히는 물신화된 범주들로 규정한다. 포스톤 역시 유사한 문제의식에 기초해 자본주의의 기본적 관계에 대한 전통적인 가치론 해석에 의문을 제기하며, 자본주의적 노동 과정 그 자체의 구성을 범주적 비판의 대상으로 간주한다.

그런데 포스톤은 '가치' 개념에서 출발하는 다른 이론가들과 달리 (노동의 초역사적 착상을 통해 그것을 '존재론화'하는 방식으로 사회적 해방을 추구하는 것이 아니라) 그러한 '가치'를 생산하는 '노동'을 자본주의의 핵심 범주로 다루려는 의도에서 범주적 비판에 착수한다(Larsen et al., 2014: xxxix). 자본주의는 단순히 착취적 계급관계로 정의될 수 없으며, 가치와 잉여가치의 범주들과 그에 대응하는 노동의 이중성, 즉 가치를 생산하는 사회적으로 매개적인 활동(추상노동)과 잉여가치를 생산하는 한에서의 생산적 활동(구체노동)의 범주들로 표현되는 역사적 동역학을 포함하는 방식으로 이해되어야 하기 때문이다(TLSD: 314).

이는 포스톤의 범주적 비판이 겨냥하는 것이 자본주의의

사회에서 노동을 둘러싸고 펼쳐지는 각양각색의 '현상들'이 아니라 그 기저를 이루는 노동이라는 범주 그 자체임을 보여 준다. 착취와 소외, 불평등과 예속, 차별과 배제, 무시와 모욕 등과 같이 구체노동의 수준에서 일어나는 다양한 '노동문제들'은 우리의 주의를 그러한 주관적 경험 자체에 기울이게 하는 경향이 있다. 반면 오직 자본주의에서만 사회적 노동이 구체노동과 추상노동의 이중적 성격을 지님을 강조하는 범주적 해석은 자본주의하에서 역사적으로 특수한 노동의 사회형태, 사회적 관계를 매개하는 노동의 특수한 기능 등에 주의를 기울이도록 이끈다. 구체노동과 추상노동을 "자본주의적 생산 양식이 지배하는 사회"에서 발견되는 상이한 '종류'의 노동이 아니라 동일한 사회적 노동의 두 '측면'으로 개념화하는 범주적 해석은 "우리를 사회적 응집(social cohesion)의 문제로 인도한다"(Holloway, 2013: 148).

노동 비판에서 포스톤과 유사한 문제의식을 공유하는 가치비판 이론가들은 노동 현장의 감각적이고 구체적인 경험을 중심으로 윤리적으로나 정치적으로 명백히 문제가 있는 노동의 현상들에 집중하는 종래의 익숙한 노동 비판을 범주적 비판과 구별해 '현상학적(phenomenological)' 비판이라고 부른다(Hemmens, 2019: 195). 현상학적 비판은 노동이 노동자들의 정신과 육체에 어떤 영향을 미치는지, 그 노고는 무엇으로 그리고 어느 정도로 충분히 보상되는지, 노동 과정은 어떤 식으로 관리되고 조직되는지, 누가 그 과정을 통제하는지, 노동시간은 얼마나 오래 지속되는지, 노동자들의 지위는 어떻게 보장되는지 등에 관심을 기울인다.

현상학적 비판은 노동과 관련해 경험적으로 무엇이 문제가 되는지 말해 줄 수 있다는 점에서 의의를 지니지만, 문제는 그것이 사회의 표면에 너무 밀착한 채 비판의 초점을 맞추다 보니 노동의 본질적 성격에 대한 그 어떤 중요한 지식도 제공하지 않는다는 데 있다. 현상학적 비판은 자본주의 사회에서 노동이 가변자본으로서 맡은 역할 혹은 그것에 할당된 자리를 재확인할 뿐이다. 다시 말해 현상학적 비판은 "가능한 미래 사회를 향해 자본주의를 넘어서는 것을 제시하지 못할 뿐 아니라, 자본주의 자체의 중심적 측면들을 긍정"한다(TLSD: 17).

포스톤에 따르면 자본주의 사회에서 노동은 현상적 차원 이전에 범주적 차원에서 비판의 대상이 되어야 마땅하다. 노동은 한편으로 추상노동의 측면에서 가치를 생산함으로써 사회적 관계를 (물론 인격적 관계가 아니라 상품과 화폐에 의한 가치관계, 즉 사물들 사이의 물적 관계로서)

매개하는 사회적 응집의 기능을 수행하며, 다른 한편으로 구체노동의 측면에서 노동생산성 증대와 결부되어 잉여가치를 생산함으로써 자본 축적을 가능케 하는 가치 증식 기능을 담당하기 때문이다. 포스톤에게 범주적 비판이 중요한 이유가 여기에 있다.

## 총체적 비판

포스톤에 따르면 자본주의 사회에 대한 내재적 비판의 적절성은 그것이 사용하는 범주들의 적절성에 달려 있다. 그래서 포스톤에게는 무엇보다 자본주의적 사회구성체의 역사적 특수성을 포착할 수 있는 범주들이 요구된다. 이는 하버마스나 호네트 같은 다른 내재적 비판이론가들과 달리 포스톤이 사용하는 범주들은 이상과 현실의 괴리가 아니라 그 자체로 자본주의 사회에 내재하는 역동적 모순을 드러냄으로써 우리에게 현재의 '있는 것'에서 미래의 '있어야 할 것'으로 이행하는 역사적 가능성을 보여 줄 수 있어야 하기 때문이다. 포스톤의 말대로 "역사적 비판의 범주들로서 그 범주들은 그 사회의 내재적 동역학의 근거들을 파악하는 것으로 보여야 하며, 이는 그것을 역사적으로 부정할 수 있는 가능성(즉 '존재' 속에 내재하는 역사적 가능성으로 출현하는 '당위')으로 이어진다"(TLSD: 89-90).

특히 범주들을 통해 표현되는 모순은 현존하는 총체성을 넘어설 수 있는 방향을 제시해야 한다는 사실이 중요하다. 그래야 비로소 단순히 현존하는 것에 기반한 긍정적 비판이 아니라 아직 도래하지 않은 것, 그러나 이미 모순 속에 잠재하고 있는 가능성에 기반한 부정적 비판이 될 수 있기 때문이다. 여기서 우리는 내재적 비판이 범주적 해석을 통해 범주적 비판으로 발전하는 과정에서 범주들이 이론 체계 내에서 담당하는 역할과 특성 그리고 그것이 제시되는 방향이 총체성과 관련해 재규정되고 있음을 확인한다.

요컨대 범주들은 총체성을 이해하고 분석하는 도구로서 기능하며, 따라서 총체성의 역동적 모순을 표현할 수 있어야 한다. 결정적으로 이 범주들은 단순히 총체성을 기술하는 데 그치지 않고 총체성을 넘어설 방향을 지시할 수 있어야 한다. "오직 범주들 자체가 그러한 모순을 표현할 때에만 그 비판은 긍정적인 것, 다시 말해 존재하는 것 역시 존재하는 것을 기반으로 비판하고, 따라서 실제로 현존하는 총체성을 넘어서지 못하는 것을 피할 수 있다."(TLSD: 90)

더 나아가 "적절한 비판의 범주들은 총체성의 모순적 성격뿐 아니라 그것을 특징짓는 부자유의 기초도 파악해야 한다"(TLSD: 125). 그런 의미에서 여기서 사용하는 '총체적 비판'이라는 표현은 정확히 말하자면 인간 삶의 부자유를 체계적으로 생산하는 '부정적 총체성(negative totality)'으로서 자본에 대한 비판, 또는 그러한 사회적 총체성으로서 자본에 대한 철저한 부정을 나타내는 '부정적' 비판을 뜻한다. 그 개념은 일관되게 "현대 사회의 상호 연관된 영역들의 주관적-객관적 발전이 부자유를 표현하고 재생산한다"는 사회에 대한 비판의 의미를 지닌다(O'Kane, 2018: 59-60).

총체성에 대한 포스톤의 비판적 이해는 그가 총체성을 자본과 동일시하는 대목[악명 높은 '주체로서 자본(Capital as Subject)'이라는 관점]에서 잘 드러난다. 흥미롭게도 포스톤은 자신의 그러한 입장을 루카치에 대한 신랄한 비판을 통해 제시했다. 포스톤은 루카치가 "사물화와 프롤레타리아트의 의식"에서 헤겔의 정신(Geist) 개념을 인간학적 용어로 번역하면서 총체성을 비판의 긍정적 입지점으로 삼았을 뿐 아니라 마르크스의 프롤레타리아트를 헤겔이 말한 역사적 과정의 '주객동일자(identisches Subjekt-Objekt)', 즉 자신의 노동을 통해 사회 세계와 자신을 구성하는 역사적 '주체(Subject)'와 동일시했다는 점을 문제 삼는다(TLSD: 72-82).

포스톤이 보기에 루카치에게 사회적 총체성의 존재는 자본주의적 사회관계의 파편화되고 계급 지배적인 성격에 의해 가려져 있다. 그러나 프롤레타리아트가 혁명을 통해 자본주의를 타도함으로써 자신을 역사적 주체로 실현하게 되면 결국 총체성 역시 자신의 것으로 구성할 수 있게 된다. 물론 포스톤은 이와 같은 논변이 마르크스에 대한 오독의 산물이라고 주장한다. 우리가 계속 살펴봤듯 역사적 주체로서 자본에 대한 마르크스의 범주적 규정에서는 총체성과 그것을 구성하는 노동이 비판의 입지점이 아니라 비판의 대상이었기 때문이다.

> 프롤레타리아트나 종(種)이 아니라 자본이 총체적 주체라는 생각은 마르크스에게 자본주의에 대한 역사적 부정이 총체성의 실현이 아니라 오히려 그것의 폐지를 수반할 것이라는 점을 분명히 함의한다. 따라서 총체성의 전개를 추동하는 모순이라는 마르크스의 생각도 매우 다르게 개념화되어야 한다. 추정컨대 모순은 총체성을 자신의 완전한 실현을 향해 전진시키는 것이 아니라, 오히려 그것의 역사적 폐지 가능성을 향해 전진시킨다. 즉 모순은 총체성 너머를 가리킴으로써 총체성의 일시적 유한성을 표현한다.(Postone, 2003: 87-88)

이렇듯 자본이야말로 사회적 총체성을 효과적으로 조성한다. 노동에 의해 사회적 관계가 매개되는 자본주의적 사회구성체에서는 가치와 노동이 자기매개적 원리로서 세계를 지배하는 역사적으로 특수한 사회적 총체성이 구성되기 때문이다. "자기정초적인(self-grounding) 사회적 매개를 구성하는 가운데, 노동은 특정한 종류의 모든 사회적 총체성을 구성한다."(TLSD: 151) 그리하여 노동에 의해 매개된 사회적 관계와 더불어, 사회적 총체성을 부정적으로 실현하는 역사적으로 특수한 '대문자 주체(Subject)'가 출현한다. 바로 "부르주아 사회의 모든 것을 지배하는 경제적 권력"으로서(Marx, 2007a: 79) 자본주의 세계의 유일무이한 "역사적 주체", 곧 "자본주의적 구성체를 구성하는 사회적 매개의 소외된 구조"인 '자본'이다(TLSD: 81).

## 참고문헌

Fraser, N. & Honneth, A.(2003). The Point of Recognition: A Rejoinder to the Rejoinder. *Redistribution or Recognition?: A Political-Philosophical Exchange*. Verso. 김원식·문성훈 옮김(2014). "인정의 요점: 반론에 대한 반론(악셀 호네트)". ≪분배냐, 인정이냐?: 정치철학적 논쟁≫, 351-397쪽. 사월의책.

Hemmens, A.(2019). *The Critique of Work in Modern French Thought*. Springer.

Holloway, J.(2010). *Crack Capitalism*. Pluto Press. 조정환 옮김(2013). ≪크랙 캐피털리즘≫. 갈무리.

Honneth, A.(2009). *Pathologies of Reason: On the Legacy of Critical Theory*. Columbia University Press.

Lange, E. L.(2018). Moishe Postone: Marx's Critique of Political Economy as Immanent Social Critique. In Best, B., Bonefeld, W., & O'Kane, C.(eds.). *The SAGE Handbook of Frankfurt School Critical Theory*. SAGE.

Larsen, N. et al.(2014). *Marxism and the Critique of Value*. M-C-M'.

Marx, K.(1980). *Zur Kritik der Hegelschen Rechtsphilosophie*. MEW Bd 1. Dietz Verlag. 강유원 옮김(2011). ≪헤겔 법철학 비판≫. 이론과실천.

Marx, K.(1983). *Grundrisse der Kritik der politischen Ökonomie*. MEW Bd. 42. Dietz Verlag. 김호균 옮김(2007a). ≪정치경제학 비판 요강 Ⅰ≫. 그린비; 김호균 옮김(2007b). ≪정치경제학 비판 요강 Ⅱ≫. 그린비.

O'Kane, C.(2018). Moishe Postone's New Reading of Marx: The Critique of Political Economy as a Critical Theory of the

Historically Specific Social Form of Labor. *Consecutio Rerum, 3*(5), pp. 485–501.

Ouellet, M.(2015). Revisiting Marx's Value Theory: Elements of a Critical Theory of Immaterial Labor in Informational Capitalism. *The Information Society, 31*(1), pp. 20–27.

Postone, M.(1993/2003). [TLSD] *Time, Labor, and Social Domination: A Reinterpretation of Marx's Critical Theory.* Cambridge University Press.

Postone, M.(2003). Lukács and the Dialectical Critique of Capitalism. *New Dialectics and Political Economy*, pp. 78–100. Palgrave Macmillan.

## 04
## 계급 지배에서 추상적인 사회적 지배로

포스톤에 따르면 자본주의 특유의 비인격적·추상적·객관적 지배 형식은 상품-결정적 노동에 의해 매개된, 즉 마르크스가 가치와 자본의 범주들로 파악하려 시도했던 객관적이며 준(準)독립적인 '사회적 관계들의 총합'에 사람들이 지배당하는 상황을 가리킨다. 이는 개인들과 계급들 위에 그리고 그들에 맞서서 존재하는 사실상 자율적인 형식이기 때문에, 계급관계와 같은 자명한 사회적 관계들의 관점에서는 파악될 수 없다. 다시 말해 추상적 형태의 사회적 지배는 구체적인 개인들 간의 가시적인 지배관계로 파악될 수 없는, 객관적으로 합리화된 구조적 강제와 제약들에 의한 행위자들의 종속 상태를 의미한다.

## 인격적 지배에서 추상적 지배로의 역사적 전환

포스톤은 노동을 비판의 입지점으로 삼는 전통적 비판이론에 맞서 노동을 비판의 대상으로 설정하는 새로운 비판이론을 제안한다. 특히 그러한 비판의 방법을 성숙한 마르크스를 따라 내재적이고 범주적이며 총체적인 사회 비판으로 정식화한다.

그렇다면 포스톤이 전통적 마르크스주의의 대안으로 제시하는 새로운 마르크스 해석은 무엇일까? 이를 제시하기 전에 포스톤은 일단 "자본주의에서 노동의 역사적 특수성에 대한 마르크스의 착상은 그 사회를 특징짓는 사회적 관계에 대한 그의 이해를 근본적으로 재해석하라고 요구한다"는 점을 명확히 한다(TLSD: 29). 그 근본적 재해석이란 바로 계급 지배(자본가 계급에 의한 노동자 계급의 착취)에 대한 비판을 넘어서는 자본주의 특유의 지배형태(가치와 시간에 의한 추상적 지배)에 대한 비판을 이론적으로 정립하는 것이다. 포스톤의 말대로 "마르크스 비판의 기본 범주들은 단순히 착취 양식을 묘사하는 것이 아니"라 오히려 "현대 자본주의 사회를 내재적·역사적 동역학의 기저를 이루는 '준객관적(quasi-objective)' 지배의 형태들(상품, 자본)로 특징지어지는 사회적 삶의 양식으로 파악하려 하는 시간적으로 역동적인 범주들"이기 때문이다(Postone, 2004: 53-54).

추상적 지배에 관한 본격적 논의로 들어가기 전에 포스톤은 마르크스를 따라 "자본주의가 구현하는 사회적 지배의 특징적 형태는 사회의 노동의 형태와 관련된다"고 전제하면서 사회적 지배의 역사적 형태들에 대한 일종의 유형화를 시도한다(TLSD: 125). 이어서 ≪정치경제학 비판 요강≫의 압축적인 서술을 정교하게 재구성해 지배의 세 가지 역사적 형태들을 식별한다(TLSD: 125-127; Marx, 2007a: 136-139).

우선 '인격적 의존관계'에 기초한 전(前) 자본주의적 지배형태가 있다. 그러한 지배관계가 관철되는 사회에서는 사람들이 명시적으로 사회적 관계를 맺는 가운데 신분제 하에서 어느 한 집단이 다른 집단에 종속되어 살아간다(Martín, 2019: 467). 현존하는 인종주의나 가부장제 같은 것들이 사회적 관계가 노동과 소득의 분배를 직접적으로 매개하는 명시적 형태의 지배라고 할 수 있다.

그러나 인격적 의존에 기초한 지배관계는 "역사적으로 사회의 '두 번째 위대한 형태', 즉 상품형태에 기초한 사회구성체인 자본주의에 의해 대체"되었다. 자본주의에서 사회적 지배는 "객관적(sachlicher) 의존의 체계의 틀 안의 인격적 의존"의 측면에서 주어진다. 자본주의 사회에서 사람들 간의 관계는 특수하고도 특정한 방식으로, 즉 "개인들에게 낯선 것, 물적인 것으로서 현상한다"(Marx, 2007a: 138). 사회적 관계는 개인들에 대해 준객관적이고 자율적인 무언가가 되었다. 그 관계는 결코 개인들 사이의 명시적 관계가 아니다. 개인들로부터 자립화하는 한에서 사회적 관계는 개인들을 지배하는 준객관적 구조의 위상을 점한다.

마지막으로 "인간 자유의 가능한 가장 완전한 실현"으로 나타날 자본주의 너머의 대안 사회에서 우리는 마침내 지배형태의 부재를 목격할 것으로 기대된다. 포스트자본주의(post-capitalism), 즉 세계의 경제 체계가 더 이상 자본주의적 형태로 작동하지 않는 가상의 대안적 사회구성체는 전 자본주의적 형태의 명시적 지배와 추상적인 자본주의적 지배 구조 모두를 극복할 수 있을 때만 실현 가능하다.

요점은 포스톤이 명시적 사회관계들이 노동을 매개하는 전 자본주의 사회와 노동이 추상화되어 사회관계를 매개하고 사회적 총체성을 창출하는 자본주의 사회를 구분한다는 데 있다. 두 사회형태의 차이는 곧 지배형태의 차이라고 할 수 있다. 전 자본주의적 사회관계는 사회적 집단이나 신분 등에 따라서 인격적으로 그리고 가시적으로 차별화된 양상을 띠었다. 물론 생산 활동 역시 공공연하게 사회적이며 질적으로 특수한 것으로 규정되었다. 각각의 특정한 사회관계들에 의해 노동들 역시 다양한 의미를 지녔다(TLSD: 150). 반면 자본주의에서는 종교·관습·혈연·신분 등 사회적 관계의 모체를 대신해 노동이 스스로 사회적 매개를 구성한다.

노동은 더 이상 가시적 사회관계들에 의해 사회적 성격을 부여받는 것이 아니라 오히려 스스로 매개함으로써 가시적 사회관계들의 체제를 대체하는 사회 구조를 확립했고, 그 결과 자신의 사회적 성격을 스스로에 부여할 수 있게 되었다(TLSD: 151). 노동이 사회적 매개를 구성함으로써 새로운 형태의 상호의존이 출현한 것이다. 따라서 포스톤의 관점에서 자본주의 사회는 노동이 (직접적으로든 그 생산물로 표현된 것으로서든) 타자들의 생산물들을 획득하는 '객관적' 수단으로 기능함으로써 가치형태인 상품과 화폐를 매개체로 사회적 결합을 구성한다는 점에서, 즉 노동 그 자체가 자본에 의한 지배의 근거를 이룬다는 점에서 '노동사회(Arbeitsgesellschaft)'로 규정될 수 있다(TLSD: 125).

## 사회적 지배의 추상적 차원

포스톤은 ≪정치경제학 비판 요강≫에서 마르크스가 남긴 유명한 선언, 즉 "과거에는 개인들이 서로 의존했던 반면, 이제는 추상들에 의해 지배당하는 것으로 나타난다"를 재서술해 "자본주의의 사회적 지배는 그 가장 근본적인 수준에서, 다른 사람들에 의한 사람들의 지배로 이루어지는 것이 아니라 사람들이 스스로 구성한 추상적 사회 구조들에 의한 사람들의 지배로 이루어진다"고 주장한다(Marx, 2007a: 146; TLSD: 30). 요컨대 자본주의 사회의 개인들은 수직적 관계에서 어떤 누군가가 다른 누군가를 직접 지배하는 대신 이제 수평적 관계에서 '추상들'에 의해 보편적으로 지배당하고 있다는 것이다. 모두를 지배하는 그 추상들은 대체 무엇인가?

자본주의를 특징짓는 지배형태의 추상적 차원은 자본주의의 기저를 이루는 사회적 매개(상품형태를 구성하는 노동에 의해 매개된다는 점에서 독특한 사회적 관계의 형태)의 추상적 차원에서 비롯한다(Postone, 2022: 249-252). 사회적 매개가 추상적인 이유는 무엇인가? 우선 그러한 매개가 "노동에 의해, 즉 특정한 형태의 사회적 실천에 의해 구성되는 역사적으로 특수한, 준객관적이며 시간적인 형태의 사회적 매개"이기 때문이다. 또한 그것이 "가치, 즉 자본주의 사회에서 지배적인 부의 형태로 표현"되기 때문이다. 그런데 자본주의에서 상품의 "가치는 추상노동의 표현이고, 사회적으로 규범화된 노동과 시간에 의해서만, 즉 사회적 필요 노동시간의 지출에 의해서만 구성"된다(Postone, 2017: 38; Postone, 2022: 251-252). 자본주의 특유의 사회적 매개는 가치생산물로서 상품형태에 의해, 또는 그러한 가치를 생산하는 추상노동에 의해 이루어진다는 점에서 추상적 성격을 띤다.

이처럼 포스톤은 노동과 가치에 의해 '실재추상'["사회적 생산 과정에서 매일 수행되는 하나의 추상"(Marx, 1998: 17)]으로 구성되는 상품형태가 상품들의 생산·교환 과정에 실제로 참여하는 이들에 대해 '준자율적(quasi-autonomous)'이게 되면서, 사람들을 점점 더 비인격적 명령과 제약에 예속시키는 새로운 형태의 사회적 지배가 출현한다고 주장한다. 그리고 이는 계급 지배의 관점에서는 물론이고 특정한 권력 집단이나 국가, 나아가 기업이나 금융기관 같은 제도적 기관들이 행사하는 구체적 지배의 관점에서도 적절히 파악될 수 없음을 분명히 한다(Postone, 2017: 38).

## 시간에 의한 인간의 지배

상품형태의 보편성으로 특징지어지는 현대 사회에서 사회적 매개의 추상적 차원이 가치, 즉 "자본주의에서 역사적으로 독특한 노동의 역할에 연결된 역사적으로 특수한 부의 형태"로 표현된다는 사실은 결국 그러한 추상적 차원의 사회적 지배가 "근본적으로 시간적인(temporal) 것"임을 나타낸다(Postone, 2022: 251-252).

포스톤은 자본주의 특유의 추상적 지배가 결국 "시간에 의한 인간의 지배"임을 논증하기 위해 가치에 관한 마르크스의 논의를 상세히 분석한다. 마르크스는 ≪자본≫ 1장 "상품"에서 가치에 대한 두 가지 접근을 제시한다. 하나는 질적 측면에서 가치의 실체를 '추상적 인간노동'으로 설명하는 것이고, 다른 하나는 양적 측면에서 가치의 크기를 결정하는 요소를 "사회적으로 필요한 노동량, 즉 그 사용가치의 생산에 사회적으로 필요한 노동시간"으로 설명하는 것이다(Marx, 2008a: 93). 이는 상품에 대상화된 가치의 형태가 그 자체로 이미 자본주의적 생산관계를 사회적 근거로 삼는 노동의 역사적으로 특수한 '사회적(social)' 형태임을 시사한다(Cleaver, 2018: 243-244).

이처럼 가치가 역사적으로 특수하고 사회적으로 구성된

개념인 '추상적 시간(abstract time)'으로 측정된다는 점에서, 포스톤은 가치의 "특수성이 그것의 시간적 차원과 관련된 부의 형태로서 탐구되어야 한다"고 지적한다(TLSD: 123). 포스톤이 보기에 가치의 크기가 "'가치를 형성하는 실체', 즉 노동의 양으로 측정된다"는 서술은 단순히 가치를 측정하는 실용적 방법에 대한 설명이 아니다(Marx, 2008a: 92). 오히려 그것은 "사회적으로 일반적이고 강제적인 규범을 규정하는" 지배의 문제를 현시한다(Postone, 2019: 100). 어떤 생산자라도 자신이 생산한 상품의 완전한 가치를 발생시키려면 이러한 시간적 규범에 복종해야만 하기 때문이다. 만약 그 생산자가 덜 생산적이라면, 그는 경쟁자들보다 더 적은 가치를 생산할 것이고 시장에서 도태되고 말 것이다.

바로 이 지점에서 "자본주의에서 소외된 사회적 관계들의 구조들을 특징짓는 시간적 차원의 추상적 지배"가 드러난다. 사회적 필요 노동시간은 "총체성의 범주로서, 생산자들이 직면하는 준객관적인 사회적 필연성을 표현"하며, "객관적인 일반적 매개로서 노동에 의해 구성되는 사회적 총체성은 시간적 성격을 갖는바, 여기서 시간은 필연성이 된다"(TLSD: 191). 바로 그런 의미에서 오늘날에도 가치법칙은 "개별적인 주체에 대응하는 내적 법칙"으로

(단순히 "맹목적 자연법칙"은 아닐지라도) 엄연히 작동 중이다(Smith, 2017: 109). 물론 강제는 개인이나 집단에 의해 부과되는 것이 아니라 추상적 차원에서 가치의 구조 자체에 이미 내재되어 있다. 자본의 총체적 지배가 이제 시간적으로 규범적인 강제를 통해 실행되고 있다는 점이 중요하다.

이렇듯 사회적 필요 노동시간은 자본주의 특유의 사회적 매개 형태에 구조적으로 내재하는 사회적 지배, 즉 "시간에 의한 인간의 지배"를 표현하는 이론적 범주다(Postone, 2022: 253). 더 나아가 그것은 자본주의의 발전과 더불어 인간의 사회적 삶의 세계에서 지배적인 시간의 패러다임이 자연적 변화와 구체적 사건들의 함수인 '구체적 시간(concrete time)'에서 획일적이고 연속적인 '추상적 시간'으로, 즉 발터 베냐민(Walter Benjamin)이 역사적 진보의 '대중 기반'으로 설명했던 '균질하고 공허한 시간'으로 변환되었음을 표상한다(Benjamin, 2008: 344). 구체적 시간에서 추상적 시간으로의 패러다임 전환은 추상적 형태의 지배(시간에 의한 인간의 지배)와 추상적 형태의 부(사회적 필요 노동시간으로 측정되는 가치)가 부상하는 '거대한 전환'의 토대였다.

## 참고문헌

Benjamin, W.(2010). *Über den Begriff der Geschichte*. Suhrkamp. 최성만 옮김(2008). ≪역사의 개념에 대하여/폭력비판을 위하여/초현실주의 외≫. 길.

Cleaver, H.(1994). *Reading Capital Politically*. Antitheses Press. 조정환 옮김(2018). ≪자본을 어떻게 읽을 것인가≫. 갈무리.

Martín, F. N.(2019). The Logic of Capital and Hegemonic Logic. *Novos Estudos CEBRAP*, *38*, pp. 459-475.

Marx, K.(1972). *Zur Kritik der politischen Ökonomie*. Dietz Verlag. 김호균 옮김(1998). ≪정치경제학 비판을 위하여≫. 청사.

Marx, K.(1979). *Das Kapital: Kritik der politischen Ökonomie Bd. 1, Der Produktionsprozess des Kapitals*. MEW Bd. 23. Dietz Verlag. 강신준 옮김(2008a). ≪자본 Ⅰ-1≫. 길; 강신준 옮김(2008b). ≪자본 Ⅰ-2≫. 길.

Marx, K.(1983). *Grundrisse der Kritik der politischen Ökonomie*. MEW Bd. 42. Dietz Verlag. 김호균 옮김(2007a). ≪정치경제학 비판 요강 Ⅰ≫. 그린비; 김호균 옮김(2007b). ≪정치경제학 비판 요강 Ⅱ≫. 그린비.

Postone, M.(1993/2003). [TLSD] *Time, Labor, and Social Domination: A Reinterpretation of Marx's Critical Theory*. Cambridge University Press.

Postone, M.(2004). Critique and Historical Transformation. *Historical Materialism*, *12*(3), pp. 53-72.

Postone, M.(2017). Marx, Temporality and Modernity. In Liu, J. C. H. & Murthy, V.(eds.). *East-Asian Marxisms and Their Trajectories*, pp. 29-48. Routledge.

Postone, M.(2019). The Current Crisis and the Anachronism of

Value. In Musto, M.(ed.). *Marx's Capital After 150 Years*, pp. 94–107. Routledge.

Postone, M.(2020). Capital and Temporality. In Musto, M.(ed.). *The Marx Revival: Key Concepts and New Critical Interpretations*. Cambridge University Press. 정구현 외 옮김(2022). "자본과 시간성". ≪마르크스의 부활: 핵심 개념과 새로운 해석≫, 239–265쪽. 한울.

Smith, N.(2008). *Uneven Development: Nature, Capital, and the Production of Space*. University of Georgia Press. 최병두 외 옮김(2017). ≪불균등발전≫. 한울아카데미.

## 05
## 물질적 부와 가치

포스톤의 중요한 학술적 기여 가운데 하나가 바로 구체노동과 추상노동이라는 노동의 이중적 성격에 상응하는 '물질적 부'와 '가치'의 차이를 강조한 것이다. 구체노동이 생산하는 물질적 부는 인간의 필요를 충족할 수 있는 능력을 지칭하며 "자연적 힘의 도움으로 인간이 물질을 변형한 결과"인 반면, 추상노동에 의해 창출되는 가치는 "자연에 대한 인간들의 관계를 직접적으로 표현하는 것이 아니라 노동에 의해 매개된 사람들 사이의 관계를 표현한다"는 점에서 역사적으로 특수하다. 포스톤은 물질적 부와 가치의 엄밀한 구별이 마르크스의 자본주의 비판에서 핵심적이라고 주장한다.

## 사회적 부의 두 가지 형태

자본주의에서 이루어지는 노동의 역사적 특수성은 추상적인 동시에 구체적인 것이라는 그 이중적 성격에 있다. 더욱 중요한 것은 노동의 이중성이 그 산출물로도 다르게 대상화된다는 점이다. 구체노동은 물질적 부를 생산하고, 추상노동은 가치를 생산한다(Tunderman, 2023: 127). 포스톤은 노동의 이중성에 따른 물질적 부와 가치의 구별을 마르크스의 정치경제학 비판의 핵심으로 제시한다. 실제로 마르크스도 노동의 이중성에 대한 발견이 자신의 최고 업적이라고 주장한 바 있다. 예컨대 ≪자본≫ 1권이 출간된 무렵인 1867년 8월 프리드리히 엥겔스(Friedrich Engels)에게 보낸 편지에서 마르크스는 정치경제학과 관련해 ≪자본≫의 새로움을 두 가지 발견에서 찾았다.

> 나의 책에서 가장 요긴한 것은 ① (제반 사실의 모든 이해가 이 점에 기초하네) 바로 1장에서 강조된, 노동이 사용가치에서 표현되느냐 가치에서 표현되느냐에 따른 노동의 이중성, ② 잉여가치(Mehrwert)를 그것의 특수한 형태들인 이윤, 이자, 지대 등에 독립해서 취급한 점이네.(Marx & Engels, 1990: 160)

즉 마르크스는 고전 정치경제학자들이 상품의 사용가치와 교환가치를 구별했을지라도 그에 상응하는 노동의 이중성에 대한 지적은 오롯이 자신의 독창적 성과라 생각했고, 이를 정치경제학 비판의 토대로 삼았다(Balibar, 2018: 371). 그래서 포스톤은 노동의 이중성에 대한 마르크스의 발견을 자본주의의 '근본적 모순'에 대한 그의 사상의 핵심으로 파악한다(TLSD: 193). 물질적 부와 가치의 상호 모순적 관계가 자본주의의 발전 과정에서 역동적 모순을 구성한다고 보기 때문이다.

물질적 부와 가치는 질적으로나 양적으로, 즉 각각의 질적 성격을 규정하는 실체뿐 아니라 각각의 양적 크기를 측정하는 척도가 전혀 다른 두 가시 형태의 부라고 할 수 있다. 모순은 정확히 여기서 시작된다. 우선 두 형태의 부는 질적 의미에서 각각이 평가될 때부터 차이를 보인다. 물질적 부는 사회가 직접 접근할 수 있고 매우 다양하며 완전히 다른 목적에 사용될 수 있는 사용가치로 측정된다. 50장의 오만 원권 지폐, 100대의 자동차, 200개의 책상, 500평의 토지, 10그릇의 음식, 20회의 택시 운행, 10개의 지식재산권, 5개의 금융 파생상품 등 무수할 정도로 다양한 상품과 자산이 모두 물질적 부다. 이는 물질적 부가 반드시 직접적 인간노동에 의해 생성되는 것은 아니기에 노동생산물로서의 상품형태에 반드시 구속되지는 않는다는 것을 암시한다. 실제로 물질적 부는 물질적 재화로만 구성되는 것이 아니라 지식, 정보, 그 외 다른 비물질적 재화와 그것들의 분배도 포함할 수 있다. 따라서 물질적 부를 가치와 대조해 마냥 좋은 것으로 볼 필요는 없다. 물질적 부가 상품형태에 얽매여 있지는 않으며, 노동이 그 유일한 원천도 아니지만 그럼에도 상품은 자본주의에서 가치의 '물질적 담지자'를 구성하며, 이 가치는 다시 물질적 부에 얽매여 있다. 따라서 물질적 부의 측면에서는 사물들의 유용성만이 중요한 문제다(Ortlieb, 2014: 83-84).

이와 달리 가치는 부의 역사적으로 특수한 자본주의적 사회형태로서 추상노동을 대상화한 것이다. 마르크스의 분석에서 가치는 자기 분배적(self-distributing) 형태의 부다. 이는 상품의 분배가 그것에 고유하게 내재하는 것처럼 보인다는 점, 곧 가치에 영향을 받는다는 점을 의미한다. 그러므로 가치는 사회적 매개의 범주다(따라서 가치를 생산하는 실천적으로 추상적인 노동은 사회적으로 매개적인 활동이다). 가치는 역사적으로 규정된 자기 분배적 형태의 부인 동시에 대상화된 자기 매개적 형태의 사회적 관계 그 자체다(TLSD: 154).

가치형태를 띤 부의 관점에서 보면, 어떤 사람이 기업가로서 500개의 테이블을 생산할지 아니면 30대의 자동차를 생산할지의 문제에서 판단의 준거는 오직 각각의 경우에 얻을 수 있는 잉여가치의 양일 뿐이다. 가치형태에서 물질적 부의 실제 성격은 전혀 중요하지 않다. 자본주의적 경제활동은 오직 이 형태의 부를 증가시키는 것, 즉 가치의 증식을 목표로 하며 이는 결국 화폐로 표현된다. 아무리 많은 물질적 부를 생산할 수 있다고 하더라도 이윤율이 상승하지 않는 사업은 지속될 수 없기 마련이다. 그 어떤 자본가도 자신이 처음 투입한 딱 그만큼의 가치를 획득하고서 자본을 계속 투입하는 바보짓을 하지 않기 때문이다(Ortlieb, 2014: 83).

한편 양적 척도의 관점에서도 물질적 부와 가치는 확실히 구별된다. 구체노동의 대상화인 물질적 부는 재화의 양과 질을 척도로 삼는다(TLSD: 188-189). 전(前) 자본주의 사회에서 부의 지배적 형태였던 물질적 부는 직접 접근 가능하고 형태도 제각각이며 쓸모 역시 무궁무진할 정도로 다양한 재화와 서비스 그리고 기타 자산들의 '유용성', 즉 사용가치로 측정된다. 그러나 자본주의에서만 발견되는 역사적으로 특수한 부의 형태인 가치는 오직 추상노동을 대상화한 결과물이다. 상품형태의 교환가치 차원의 함수로서 가치의 크기는 "사회적으로 필요한 노동시간"으로 측정될 수 있을 뿐이다. 마르크스는 사회적 필요 노동시간을 "주어진 정상적인 사회적 생산조건 아래에서 그 사회에서의 평균적인 숙련과 노동강도로써 어떤 사용가치를 생산하는 데 요구되는 노동시간"으로 정의한다(Marx, 2008a: 92).

물론 재생산이 이론적 서술의 전면에 등장한 이래 모든 상품의 가치를 결정하는 것은 (노동력 상품의 가치가 결정되는 방식에서 가장 명확히 드러나듯이) 더 이상 그것의 최초 '생산'을 위해 사회적으로 필요한 노동시간이 아니라 반복적이고 지속적인 '재생산'을 위해 사회적으로 필요한 노동시간, 즉 '사회적 필요 재생산 노동시간'으로 정정된다(Marx, 2008a: 547; 2010a: 475; 2010b: 155, 192-193, 523; Saad-Filho, 2011: 123; 2019: 52). 어쨌든 가치의 척도는 사회적으로 일반적인 기술의 평균 크기와 노동강도를 지닌 특정한 사용가치를 (재)생산하는 데 필요한 '노동시간'이라는 점이 중요하다.

## 자본주의의 근본적 모순

포스톤에게 물질적 부와 가치의 구별이 중요한 이유는 자본주의의 역사적 진행 과정에서 양자가 전혀 다른 운동의 양상 또는 발전 동학을 드러내기 때문이다(Tunderman, 2023: 127). 포스톤은 이를 보여 주는 마르크스의 다음과 같은 서술을 주목한다.

> 더 많은 양의 사용가치는 그 자체로 더 많은 물질적 부를 이룬다. 두 벌의 웃옷은 한 벌보다 큰 물질적 부다. 두 벌은 두 사람이 입을 수 있지만 한 벌은 한 사람밖에 입을 수 없는 것이다. 그런데 물질적 부의 양이 증가하는데도 그 가치크기는 그에 상응해 오히려 감소하는 경우가 있을 수 있다. 이 같은 상반된 변화는 노동의 이중적 성격에서 비롯된다.(Marx, 2008a: 101. 번역 일부 수정)

이는 평균 생산성이 증대했을 때 "단위 시간당 생산된 상품의 평균 수" 역시 증가함으로써 "단일한 상품의 생산에 요구되는 사회적 필요 노동시간의 양"이 줄어들고 "따라서 각 상품의 가치"도 줄어든다는 사실을 가리킨다(TLSD: 193). 왜 이런 일이 발생하는가? 일단 노동일의 길이가 정해지면, 자본의 논리는 필요 노동시간 즉 노동자의 생존수단(생필품)의 재생산에 필요한 노동일의 비율을 감소시켜서 잉여 노동시간, 또는 노동일 중에서 임금이 지불되지 않는 시간의 비율을 상대적으로 증가시킨다. 이를 위한 주된 수단은 신기술 도입이나 생산에 지식과 정보 등을 적용하는 것, 노동 통제 방식의 변화 등을 통한 생산성 향상이다(Rockwell, 2018: 182). 마르크스는 일명 "기계에 대한 단상"으로 알려진 ≪정치경제학 비판 요강≫의 한 부분에서 잉여가치를 생산하려는 자본의 노력으로 첨단 기계가 생산 과정에 적용되어 무인(無人) 자동화가 실현됨으로써 결과적으로 노동력이 작업장에서 점점 퇴출된다고 주장한다(Marx, 2007b: 367-389). 마르크스는 자본을 '움직이는 모순'으로 재정의함으로써 자본이 노동생산성을 높이기 위해 기술을 도입하면서도 가치의 유일한 원천인 노동력을 대체해 자신의 기반을 침식하는 자기모순적 상황을 현란한 필치로 묘사한다.

> 자본 자신은 노동시간을 최소한으로 단축하기 위해 노력하면서, 다른 한편으로는 노동시간을 유일한 척도이자 원천으로 정립함으로써 움직이는 모순이다. 따라서 자본은 노동시간을 잉여 노동의 형태로 증대하기 위해서 필요 노동의 형태를 감소시킨다. 따라서 갈수록 잉여 노동시간을 필요 노동시간을 위한 조건(사활 문제)으로 정립한다. 요컨대 자본은 한 측면에서 보면 부의 창출을 그것에 이용된 노동시간에 대해

> (상대적으로) 독립시키기 위해 사회적 결합과 사회적 교류뿐 아니라 과학과 자연의 모든 힘을 소생시킨다. 다른 측면에서 보면 자본은 이렇게 창출된 방대한 사회력들을 노동시간으로 측정하고자 하며, 이미 창출된 가치를 가치로 유지하기 위해 필요한 한계 안에 이 사회력들을 묶어 두고자 한다.(Marx, 2007b: 381; Marx, 1990: 706 참조. 번역 일부 수정)

이처럼 기술집약적 산업의 기하급수적 발전으로 인해 지출된 노동량 즉 사회적 필요 노동시간에 의해 측정되는 가치와 물질적 부 즉 노동시간 지출에 필연적으로 구속되지 않는 생산성이 더 이상 직접적으로 상응하지 않게 된다(TLSD: 197). 특수하게 자본주의적인 부의 형태인 가치가 (잉여 노동시간의 연장을 목표로 삼아) 노동시간에 기초하는 반면, 물질적 부는 "사회적 조직과 사회적 지식에 의해 특징지어지며, 사회적 조직과 사회적 지식의 측면들을 포함하는, 그리고 직접적 노동의 지출에 제한되지 않는 사회적 성격"을 지니기 때문이다(TLSD: 195). 현재 우리가 목도하고 있듯 로봇·디지털 기술·인공지능 등 첨단 기술이 도입되면서 나날이 발전을 거듭하고 있는 자동화된 공정에서 직접적 노동시간과 물질적 부의 생산 사이 연관성은 현저하게 줄어드는 추세다(Rockwell, 2018: 182).

문제는 아무리 기술 발전과 지식·정보 응용을 통해 생산성을 증대하고, 이로써 생산 과정에서 직접적 인간노동을 퇴출한다고 하더라도 자본의 이윤이 생산적 노동으로부터의 잉여가치 전유에 원천을 둔다는 사실이 변함없다는 것이다. 애초에 그러한 생산성 증대의 목적이 잉여가치를 더 많이 생산하는 데 있기 때문이다. 바로 여기서 우리는 자본주의 내부에 존재하는 중심적이고 지배적인 모순, 마르크스가 '움직이는 모순'이라고 부르는 것과 대면한다(Nesbitt, 2018: 48). 가치 증식을 위해 시도되는 생산성 증대의 결과로 정작 가치 증식의 전제이자 가치의 실체인 노동력을 생산 과정에서 퇴출하는 자본의 근본적 자기모순 말이다. 자본의 이런 모순적 운동으로 인해 노동은 점점 더 쓸모없어지면서도 여전히 자본에 필수적인 존재로 남아 있게 된다(TLSD: 34, 197).

## 참고문헌


Balibar, É.(2014). *La philosophie de Marx.* La découverte. 배세진 옮김(2018). ≪마르크스의 철학≫. 오월의봄.

Marx, K.(1973). *Das Kapital: Kritik der politischen Ökonomie Bd. 2, Der Zirkulationsprozess des Kapitals.* MEW Bd. 24. Dietz Verlag. 강신준 옮김(2010a). ≪자본 Ⅱ≫. 길.

Marx, K.(1979). *Das Kapital: Kritik der politischen Ökonomie Bd. 1, Der Produktionsprozess des Kapitals.* MEW Bd. 23. Dietz Verlag. 강신준 옮김(2008a). ≪자본 Ⅰ-1≫. 길; 강신준 옮김(2008b). ≪자본 Ⅰ-2≫. 길.

Marx, K.(1983). *Grundrisse der Kritik der politischen Ökonomie.* MEW Bd. 42. Dietz Verlag. 김호균 옮김(2007a). ≪정치경제학 비판 요강 Ⅰ≫. 그린비; 김호균 옮김(2007b). ≪정치경제학 비판 요강 Ⅱ≫. 그린비.

Marx, K.(1987). *Das Kapital: Kritik der politischen Ökonomie Bd. 3, Der Gesamtprozess der kapitalistischen Produktion.* MEW Bd. 25. Dietz Verlag. 강신준 옮김(2010b). ≪자본 Ⅲ-1≫. 길; 강신준 옮김(2010c). ≪자본 Ⅲ-2≫. 길.

Marx, K.(1990). *Capital I.* Penguin Books.

Marx, K. & Engels, F.(1985). *Über "Das Kapital". Briefwechsel.* Dietz Verlag. 김호균 옮김(1990). ≪자본론에 관한 서한집≫. 중원문화.

Nesbitt, N.(2018). The Grundrisse(1858). In Pendakis, A., Szeman, I., & Diamanti, J.(eds.). *The Bloomsbury Companion to Marx,* pp. 41-55. Bloomsbury Publishing.

Ortlieb, C. P.(2014). A Contradiction Between Matter and Form: On the Significance of the Production of Relative Surplus Value in the Dynamic of Terminal Crisis. In Larsen, N.,

Nilges, M., Robinson, J., & Brown, N.(eds.). *Marxism and the Critique of Value*, pp. 77–122. M–C–M'.

Postone, M.(1993/2003). [TLSD] *Time, Labor, and Social Domination: A Reinterpretation of Marx's Critical Theory*. Cambridge University Press.

Rockwell, R.(2018). *Hegel, Marx, and the Necessity and Freedom Dialectic*. Springer.

Saad–Filho, A.(2001). *The Value of Marx: Political Economy for Contemporary Capitalism*. Routledge. 전희상 옮김(2011). ≪마르크스의 가치론: 현대 자본주의의 정치경제학≫. 책갈피.

Saad–Filho, A.(2019). *Value and Crisis: Essays on Labour, Money and Contemporary Capitalism*. Brill.

Tunderman, S.(2023). *Hegemony and the Politics of Labour: Towards a Discourse Theory of Value in Contemporary Capitalism*. Taylor & Francis.

## 06
# 추상적 시간과 역사적 시간의 변증법

포스톤에 따르면 시간적 형태의 지배는 매우 독특한 모순을 내포한다. 한편으로 공허하고 동질적인 뉴턴적 시간의 틀에 구속되어 있지만, 다른 한편으로 상품형태에 의해 역사적으로 구성되는 것이기에 상품 생산관계를 재규정하는 기술 발전이나 사회 혁신의 동역학에 의해 그 단위 자체가 재규정될 수 있다. 이처럼 자본주의하에서 생산성의 함수로 나타나는 새로운 형태의 구체적 시간이 바로 역사적 시간이다. 포스톤의 논의에서 추상적 시간과 역사적 시간의 변증법은 기술 혁신의 창조적 파괴를 설명하는 상대적 잉여가치 이론의 토대를 이룬다.

## 구체적 시간 대 추상적 시간

포스톤은 구체노동과 추상노동 그리고 그 노동의 이중성에 상응하는 물질적 부와 가치에 대한 구별을 발전시켜 시간의 형태로 재현·표상된 구체노동(역사적 시간)과 추상노동(추상적 시간)의 변증법적 상호작용에 대한 분석을 정립했다. 이로써 자본주의적 역사 발전의 비선형적 동역학을 이해할 길을 열었다. 그러한 일이 어떻게 가능했는지 파악하려면 우선 구체적 시간과 추상적 시간의 개념을 살펴봐야 한다.

포스톤에 따르면 구체적 시간은 자연적 흐름에 따른 계절의 변화나 인간의 생애주기에 따른 특정한 과제 수행에서 비롯되는 사건들에 종속된 시간성을 의미한다. 그러한 구체적 시간은 즐거운 시간이나 괴로운 시간, 또는 신성하거나 세속적인 시간처럼 질적인 의미에서 가치 판단될 수 있다. "사건들은 … 시간 안에서 발생하는 것이 아니라, 시간을 구조화하고 결정한다."(TLSD: 201) 구체적 시간과 관련된 계산 양식은 가변적인 시간 단위를 허용한다. 따라서 구체적 시간의 측정은 그것이 질적인 의미에서 어떤 종류의 시간을 지칭하는지와 관련된다. 시간을 구조화하는 사건은 시간의 측정도 구조화하기 때문이다(Stoetzler,

2004: 268). 이처럼 사건의 종속변수로서 구체적 시간은 시간이 계절의 변화 또는 태양의 운동과 같은 구체적 변화의 함수였던 전근대적 시간성을 가리킨다(TLSD: 201).

반면 추상적 시간은 고전 물리학과 공학에서 전제하는 이른바 '절대시간'으로, 보통 사회적으로는 달력의 시간이나 시계의 시간으로 표현된다(Lee, 2023: 140). 포스톤에 따르면 14세기와 16세기 사이에 자본주의의 출현과 함께 서구 유럽에서 지배적인 시간관으로 자리 잡은 추상적 시간에 대한 착상은 "절대적이고, 진실되고, 수학적인 시간이 그 자신에 의해, 그리고 그 자신의 성질로 인해 그 어떤 외적인 것과도 관계를 지니지 않은 채 평탄하게 흐른다"는 아이자 뉴턴(Isaac Newton)의 절대시간 개념으로 정식화되었다(TLSD: 202; Newton, 2022: 6).

구체적 시간과 달리 추상적 시간은 자연이나 사건에 대해 독립변수일 뿐 아니라 그 자체로 무한히 나눌 수 있는 시간의 선으로, 모든 사건이 그 위에서 자리할 수 있는 틀을 제공한다(Lee, 2023: 140). 추상적 시간의 쉬운 예로 자본주의 사회 전반에서 통용되고 있는 '근로시간(working time)'을 들 수 있다. 오늘날 대다수의 노동자들은 매시간이 60분인 한에서 노동력 지출 비용이 시급으로 계산되고 그것을 주 단위나 월 단위로 적용해 주급이나 월급의 형태로 보수를 받는다(Murthy, 2009: 16). 바로 이때 우리는 추상적 시간, 즉 자연의 흐름이나 특정한 사건과 무관한 독립변수로서 시간성을 경험한다. 그러나 아직 농촌에서 볼 수 있듯 유럽에서는 적어도 14세기까지만 하더라도 도시의 노동일조차 농촌에서처럼 가변적 시간으로 정의되었다. 그 시기에 옷감을 생산하던 도시들에서 "임금노동에 기초한 (즉 이윤을 위한) 상대적으로 대규모의, 사적으로 통제되는 교환을 위한 생산"이 발전했다. 옷감은 최초의 대량 수출품 중 하나였다.

이 새로운 생산 양식은 물질적 부와 사회적 가치를 오직 화폐로만 측정하는 화폐화 과정을 동반했으며, 생산에 투입된 요소들에 대비해 얼마나 많은 양질의 산출물을 얻어낼 수 있는지를 나타내는 지표인 '생산성'이 생산의 중심 범주가 되게 했다. 결과적으로 더 이상 노동일이 일출에서 일몰까지 '자연적인 하루'로 이해되지 않게 되면서 노동자들의 시간 개념 역시 변화했고, 노동일의 길이를 둘러싼 계급투쟁이 분출했다(Stoetzler, 2004: 269). 이 모든 변화는 시간이 그 자체로 균질하고 공허한 것으로 인식되는 현상과 맞물려 있다.

## 구체적 시간의 특수한 형태로서 역사적 시간

그런데 전(前) 자본주의 사회를 지배했던 구체적 시간은 추상적 시간에 의해 대체되어 소멸한 것이 아니라 자본주의에서 새로운 형식을 갖게 된다. 정확히 말하자면 자본주의 그 자체가 특이한 유형의 구체적 시간을 새롭게 가졌다. 포스톤은 그것을 '역사적 시간(historical time)'으로 명명한다. 포스톤에 따르면 자본주의적 생산 양식은 '사회적 필요 노동시간'의 이름으로 규범적 지위를 갖는 추상적 시간과 기술 진보의 명확한 지표인 노동생산성 변동의 함수로서 발전 지향적인 역사적 시간의 이원론으로 특징지어진다. 특히 후자는 시대에 따라 가변적인 속도로 진행 중인 역동적 변형을 표현하는 구체적 시간의 역사적으로 특수한 형태라고 할 수 있다(TLSD: 293; Stoetzler, 2004: 271).

포스톤의 논의에서 추상적 시간과 역사적 시간의 변증법은 기술 혁신의 창조적 파괴를 설명하는 상대적 잉여가치 이론의 토대를 이룬다. "특정한 상품의 가치의 크기는 재귀적으로 구성된 일반적 사회적 규범의 함수"로, 시계의 시간과 같은 절대시간 단위로 표시된다(TLSD: 191). 하지만 가치의 측정 단위인 추상적 시간은 절대시간에 기초해 동질적인 상태로 머무르지 않는다. 왜냐하면 기술의 발전이 노동생산성을 높임으로써 더욱 많은 양의 물질적 부를 산출할 뿐 아니라, 사회적 필요 노동시간의 감축에도 영향을 미치기 때문이다(TLSD: 288). 따라서 가치를 측정하는 추상적 시간은 끊임없이 변화하는 '현재'의 노동생산성 수준에 기초해 개별 구체노동을 정규화하고 동기화하며 동질화하는 즉각적 시간(immediate time)의 대상화인 한에서만 사회적으로 규범적인 노동시간의 지위를 유지할 수 있다(류동민, 2000: 263). 즉 가치의 양적 척도로 기능하는 사회적으로 필요한 (재생산) 노동시간이란 "상품교환에서 각 구체적 노동시간이 추상되어 재계산되고 총노동시간으로 승인되는 '추상적 노동시간'"을 의미한다(김원태, 2009: 161). 포스톤은 이처럼 시계로 측정된 사회적 필요 노동시간을 감소시켜 규범적인 추상적 시간을 재결정할 수 있도록 하는, 그야말로 현재의 노동생산성에 종속되어 끊임없이 변화하는 '구체적 시간'을 '역사적 시간'이라고 부른다.

이렇게 역사적 시간의 개념을 설명한 후에 포스톤은 자본주의 사회에서 추상적 시간과 역사적 시간의 변증법적 관계를 본격적으로 확립한다. 이와 관련해 포스톤은 역사학자 비렌 머시(Viren Murthy)와 '자본의 시간성'을 주제로 나눈 대담에서 자신이 추상적 시간과 역사적 시간 사이에 확립한 구별은 후자의 관점에서 전자를 비판하려는 것이 아님을 짚어 둔다(Liu, Murthy, Wang & Tu, 2012: 9). 베냐민을 비롯한 많은 이론가들이 추상적 시간을 자본주의적 근대성과 연관 지은 후 "실제적" 시간(존재론적 시간, 진정한 시간, 시간 바깥의 시의적절한 시간)의 관점에서 선형적이고 추상적이며 동질적인 시간에 대한 비판을 정식화했지만 포스톤은 그런 시도들에 의문을 표한다. 오히려 포스톤은 "역사적 시간과 추상적 시간 모두 상품이 총체화하는 형태로서 발전하므로 사회적으로 구성된다"는 점에서 자본주의 외부의 시간은 없다고 주장한다(TLSD: 293-294). 근대성 비판의 존재론적 기초로 기능할 수 있는 추정된 시간 같은 것은 존재할 수 없다는 것이다. 따라서 우리는 추상적 시간과 역사적 시간 모두 자본주의적 시간성의 근본적 특징임을 유념해야 한다. 두 시간 형태 모두 자본주의의 가장 기본적인 구조화하는 사회형태들(가치, 노동, 상품, 화폐, 자본 등)에 의해 구성되는 동시에 사회형태들의 규정에서 '매개변수'로 작용하는 한 어느 하나를 특권화할 수 없다.

## 추상적 시간 대 역사적 시간

저명한 비판이론 연구자인 마르셀 슈퇴츨러(Marcel Stoetzler)는 국제적인 마르크스주의 학술지 ≪역사유물론(Historical Materialism)≫의 2004년 포스톤 특집호에 기고한 논문에서 포스톤이 이룩한 최고의 성취는 추상적 시간과 역사적 시간의 개념적 구분이 아니라 그것들의 변증법에 관한 개념화라고 평가한 바 있다(Stoetzler, 2004: 271). 포스톤은 추상적 시간과 역사적 시간의 내재적 변증법을 "내생적으로 역동적이고 역동적으로 불안정한 사회 체계"(Streeck, 2018: 361)로서 자본주의 체계만이 갖는 지향적으로 역동적이면서 항구적 위기에 시달리는 모순, 즉 "물질적 부와 가치의 근본적 모순"으로 설명한다.

우리는 기술의 발전 덕분에 생산성 차원에서의 한 시간이 예전보다 그 시간성의 밀도가 더욱 높아졌음을 잘 알고 있다. 즉 한 시간 안에 생산할 수 있고 생산해야만 하는 생산물의 총량이 생산에 발전된 기술이 투입되기 전보다 훨씬 증가했다. 이러한 기술 혁신의 효과는 마르크스가 산업자본의 목적인 '상대적 잉여가치'로 설명했던, 더 정확하게는 상대적 잉여가치가 개별 자본의 입장에서 취하는 독특한 형태로 표현했던 '특별잉여가치' 또는 '초과이윤'의 생산과 관련된다. 특히 포스톤은 ≪자본≫의 다음과 같은 서술을 주목한다. 이는 '두 가지 형태의 시간의 변증법'을 이해하는 데 매우 중요한 대목이다.

> '생산성'은 물론 언제나 구체적 유용노동의 생산성을 의미하는데, 이것은 어떤 특수한 생산 활동이 주어진 시간에 주어진 목표를 얼마나 잘 달성하는가를 가리키는 것이다. 그러므로 유용노동은 그 생산성의 상승 또는 저하에 비례해서 생산물을 많거나 적게 생산한다. 이와는 반대로, 생산성의 변동은 가치로 표현되는 노동에 전혀 영향을 미치지 않는다. 생산성은 구체적 유용형태를 취한 노동의 속성이므로, 노동의 구체적 유용형태가 무시되어 버린다면 생산성은 가치로 표현되는 노동과 아무런 관련도 없게 되는 것은 당연하다. 따라서 동일한 시간에 수행되는 노동은 생산성의 변동과는 관계없이 항상 동일한 가치량을 창조한다. 그러나 생산성이 변동할 때 노동은 동일한 길이의 시간에 상이한 양의 상품을 생산한다. 즉 생산성이 상승하면 더 많은 상품을, 생산성이 저하하면 더 적은 상품을 생산한다. 생산성의 상승은 일정한 시간에 생산되는 상품 총량을 증가시키고, 이리하여 이 상품 총량의 생산에 필요한 총노동시간을 단축시킨다면, 이 상품 총량의 총가치는 감소하게 된다. 반대의 경우에는

반대로 된다.(Marx, 2015a: 57-58. 번역 일부 수정)

마르크스의 설명에 따르면 노동생산성과 상품 가치는 반비례 관계에 있다. 노동생산성이 높아질수록 상품 생산에 필요한 노동시간과 노동량이 감소해 상품의 가치가 하락하며, 반대로 노동생산성이 낮아질수록 필요 노동시간과 노동량이 증가해 상품의 가치가 상승한다(Marx, 2015a: 50). 그러나 동시에 노동생산성의 향상은 잉여 노동시간의 상대적 연장에 의해 생겨나는 잉여가치(노동력 상품의 가치를 떨어뜨려 얻는 '상대적' 잉여가치)를 증대하기 위한 자본의 수단이기도 하다. 자본주의적 생산 양식의 목적인 잉여가치 생산을 달성하기 위해 자본은 구체노동의 수준에 개입한다. 일단 노동 과정에서 사용되는 노동수단이나 노동방법을 변화시켜 노동생산성을 높일 수 있다.

아울러 "노동자들의 평균적인 숙련 수준, 과학과 그 기술적 응용 가능성의 발전 수준, 생산 과정의 사회적 결합 정도, 생산수단의 규모와 능률"(Marx, 2008a: 93) 등을 조작해 생산성을 끌어올릴 수도 있다. 노동생산성의 향상 없이는 동일한 양의 생활수단을 생산하는 데 걸리는 시간이 단축될 수 없으며, 그에 따른 노동력의 가치 하락도 일어날 수 없기 때문이다. 따라서 상대적 잉여가치의 증대에서 관건은 "한 상품을 생산하는 데 사회적으로 필요한 노동시간을 단축시키는 것"이 된다(Marx, 2008a: 440).

물론 기술 혁신이 소수 기업에만 국한된다면 산업 평균에는 큰 영향을 미치지 않아 해당 기업들은 향상된 생산성을 통해 더 많은 잉여가치를 창출할 수 있을 것이다. 문제는 다른 기업들도 경쟁력 유지를 위해 생산성을 높이고자 노력하므로 상품의 지속적 재생산에 필요한 사회적 평균 노동시간이 전체적으로 감소한다는 점이다. 결국 개별 상품의 가치는 하락하고, 동일한 총가치를 생산하기 위해 다시 노동생산성을 향상해 더 많은 양을 생산해야만 하는 일종의 '무한 루프(infinite loop)'가 발생한다. 바로 여기서 상대적 잉여가치가 물질적 부는 극대화하지만 그 부를 생산하는 데 필요한 노동은 평가 절하하는 모순적 구조를 지니고 있음이 드러난다(Lee, 2023: 137). 포스톤은 그 모순이 추상적(인 가치의) 시간과 역사적(인 생산성의) 시간 사이의 내재적 변증법에 의해 설정된 것이라고 주장한다.

## 참고문헌

김원태(2009). "마르크스 노동패러다임의 재구성". ≪마르크스주의 연구≫, 6(3), 188-219쪽.

류동민(2000). "디지털 네트워크 경제의 특성에 대한 정치경제학적 분석". 강철규 외. ≪21세기 한국사회경제의 발전전략≫, 245-278쪽. 여강출판사.

Lee, B.(2023). Time and the Rhetoric of Capital: A Remembrance of Three Critical Voices. *Public Culture, 35*(1), pp. 135-152.

Liu, J. C., Murthy, V., Wang, C. M., & Tu, M. H.(2012). Exigency of Time: A Conversation with Harry Harootunian and Moishe Postone. *Concentric: Literary and Cultural Studies, 38*(2), pp. 7-43.

Marx, K.(1979). *Das Kapital: Kritik der politischen Ökonomie Bd. 1, Der Produktionsprozess des Kapitals.* MEW Bd. 23. Dietz Verlag. 강신준 옮김(2008a). ≪자본 Ⅰ-1≫. 길; 강신준 옮김(2008b). ≪자본 Ⅰ-2≫. 길.

Marx, K.(1990). *Capital I.* Penguin Books. 김수행 옮김(2015a). ≪자본론: 정치경제학 비판 Ⅰ[상]≫. 비봉출판사; 김수행 옮김(2015b). ≪자본론: 정치경제학 비판 Ⅰ[하]≫. 비봉출판사.

Murthy, V.(2009). Introduction. Reconfiguring Historical Time: Moishe Postone's Interpretation of Marx. In Postone, M., Murthy, V., & Kobayashi, Y. *History and Heteronomy: Critical Essays,* pp. 9-30. UTCP.

Newton, I.(2022). *Sir Isaac Newton's Mathematical Principles of Natural Philosophy and His System of the World.* University of California Press.

Postone, M.(1993/2003). [TLSD] *Time, Labor, and Social Domination: A Reinterpretation of Marx's Critical Theory.*

Cambridge University Press.
Stoetzler, M.(2004). Postone's Marx: A Theorist of Modern Society, Its Social Movements and Its Imprisonment by Abstract Labour. *Historical Materialism*, *12*(3), pp. 261-283.
Streeck, W.(2017). *How Will Capitalism End?: Essays on a Failing System*. Verso Books. 유강은 옮김(2018). ≪조종이 울린다: 자본주의라는 난파선에 관하여≫. 여문책.

# 07
# 변형과 재구성의 변증법

포스톤은 자본주의의 "변화를 계속하고 있고, 재생산을 진행하고 있는 비선형적 동역학"이 마치 사람들이 트레드밀 위를 달리는 것처럼, 또는 다람쥐가 쳇바퀴를 도는 것처럼 나타난다고 묘사한다. 이러한 트레드밀 효과는 오늘날 4차 산업혁명 시대에도 적용될 수 있다는 점에서 중대한 학술적 가치를 지닌다. 최근에 등장한 4차 산업혁명 담론은 자본주의적 기술 혁신과 생산성 증대의 관계를 둘러싼 오랜 쟁점, 즉 정보통신기술에 대한 '생산성 역설'을 재발견하도록 이끌고 있다. 트레드밀 개념이 그러한 모순을 해명하는 데 기여할 수 있다. 트레드밀 효과는 자본주의 사회의 모순적 동역학, 즉 "내생적으로 역동적이고 역동적으로 불안정한 사회 체계"로서 성격을 가장 풍부하게 드러내는 문제 틀이라고 할 수 있다.

## 가치의 시간적 차원에 바탕을 둔 생산성의 역설

포스톤에 따르면 자본주의 발전의 역사적 패턴은 추상노동과 구체노동, 가치와 물질적 부의 관계 같은 추상적 시간과 역사적 시간의 변증법적 관계에서 이해해야 한다(TLSD: 293). 포스톤의 이론 체계에서는 두 시간 모두 초역사적 존재론의 일부가 아니라 자본주의의 역사적 동역학에 본유적임을 유념하면서 말이다(Murthy, 2009: 21).

그렇다면 두 시간은 자본주의적 생산 양식에서 정확히 어떻게 변증법적으로 상호작용하는가? 그 관계의 핵심은 '추상적 시간'에 따른 가치의 측정이 형식적으로는 변함없이 일정하게 유지되지만, 그것이 지속해서 변화하는 '현재'의 생산성 수준에 따라 ('역사적 시간'의 대상화로서) 변화하는 사회적 내용을 갖는다는 점이다(TLSD: 292). 일단 생산성이 증대한다는 것은 노동 과정에 기술적·조직적 혁신이 도입되어 상품의 생산 과정에서 사회적으로 필요한 노동시간이 단축되며, 그 결과 단위 시간당 주어진 양의 노동이 전보다 많은 양의 물질적 부(사용가치)를 생산할 수 있게 됨을 뜻한다. 따라서 추상노동의 대상화인 가치는 노동력의 시간적 지출, 즉 사회적 필요 노동시간의 함수인 반면 역사적 시간의 대상화인 물질적 부는 노동의 생산성으로 측정된다. 결과적으로 생산성이 높아지면 지출된 노동시간의 양은 줄어들고 물질적 부는 증가하기 때문에 물질적 부의 창조는 사회적 필요 노동시간 지출에 종속되지 않는다(TLSD: 194).

포스톤은 노동생산성 향상으로 인한 사회적 필요 노동시간(시계의 시간으로 측정된 절대시간)의 감소에도 불구하고 해당 기준에 의거해 사회적 필요 노동시간이 재규정되면, 추상적 시간은 여전히 불변의 단위로 고정된다고 논증한다(TLSD: 292). 이는 노동생산성의 변동과 그에 수반되는 구체적 생산 과정의 시계의 시간과는 독립적으로, 추상적 시간이 불변의 단위로 기능함을 시사한다(류동민, 2000: 264). 이처럼 생산성의 변화와 추상적 시간의 관계는 특수한 동역학을 보여 준다. 생산성이 향상되면 사회적 필요 노동시간은 감소하지만, 이는 추상적 시간의 축을 따라 이동하는 것이며 시간 단위 자체의 변화를 의미하지는 않는다. 노동시간은 변화를 측정하는 기준축으로서 추상적 시간의 고정된 단위로 존재해야 하기 때문이다. 그래서 새로운 생산성 수준이 달성될 때마다 노동시간은 다시 기준점으로 재설정되어 가치율이 동일하게 유지된다. 생산성의 실질적 향상이 이루어졌음에도 추상적 시간 단위 자체는 변하지 않고, 그 대신 전체 추상적 시간축이 "시간 속에서 전진(forward in time)"하며 이동한다. 여기서 '생산성의 역설'이 나타난다. 실제로 발전이 이루어졌으나 추상적 시간의 관점에서는 제자리에 머무르는 것처럼 보인다. 물론 보이지 않더라도 변화는 전체 시간축의 이동을 통해 반영된다(TLSD: 292-293).

생산성의 향상에 따라 단위 시간 내 상품 생산량의 물질적 밀도가 증대된다는 점은 분명하다. 문제는 그러한 물질적 밀도의 증대가 추상적 시간성의 영역, 즉 가치 영역에서는 가시적으로 드러나지 않는다는 것이다. 이는 추상적 시간의 기본 단위와 그것이 산출하는 총가치의 양이 불변의 상태를 유지하기 때문이다. 쉽게 말해 생산성의 향상은 단위 시간당 산출되는 사용가치의 물량을 증대하지만, 단위 시간당 창출되는 가치량의 증가는 '특별잉여가치'로 표현되는 단기적 현상에 한정된다. 즉 생산성 향상이 사회적으로 일반화되는 시점에서 단위 시간당 생성되는 가치량은 최초의 기준치로 환원된다(Postone, 2022: 253). 가치와 생산성 간 반비례 관계에 기인하는 이러한 역설적 메커니즘이 자본주의 특유의 순환적 동역학을 형성한다.

## 트레드밀 위를 달리는 자본주의

포스톤에 따르면 "각각의 새로운 수준의 생산성은 동일한 가치 비율을 산출하면서 토대 수준으로 '되돌아와서' 재결정"되기 때문에, 생산성 수준의 고도화는 물질적 부의 현저한 증대를 낳지만 역설적으로 단위 시간당 가치의 비례적 장기 증가로 귀결되지는 않는다(TLSD: 292; Postone, 2017: 37). 중요한 것은 그럼에도, 아니 그렇기에 오히려 이러한 불일치가 필연적으로 생산성의 지속적 상승을 추동한다는 사실이다. 생산성을 높이는 기술 혁신의 일반화와 더불어 시간의 단위는 잉여가치를 더욱 생산하는 방향으로 움직이게 되고, 생산자들이 복종해야 할 시간적 규범이 끊임없이 재구성되는 상황이 반복된다. 모든 생산자는 일시적으로 늘어났던 가치를 계속 유지하기 위해 필연적으로 끊임없이 생산성을 높이는 경주에 참여해야만 한다. 포스톤은 시간적 형태의 부로서 가치가 지니는 자본주의 특유의 이 무한반복적 발전의 동역학을 "부의 가치형태의 시간적 차원에 뿌리박고 있는 '트레드밀 효과'"로 개념화한다(TLSD: 290-291).

포스톤이 자본주의의 동역학에서 본질적인 것으로 지목한 트레드밀 동역학은 그의 가장 중요한 이론적 기여라고 할 수 있다. 그것은 '변형과 재구성'의 변증법적 성격을 지닌 자본의 시간성을 상징하는 대표적 용어다.

> 이 트레드밀 동역학은 마르크스가 자본주의의 핵심으로 발전시킨 것에 대한 최초의 규정이다. 자본주의는 제자리에 머무르기 위해 필연적으로 끊임없이 축적해야만 한다. 이 동역학은 자본("스스로 가치를 증식하는 가치")을 고려할 때 다소 더 복잡해진다. 자본주의적 생산의 목표는 가치가 아니라 잉여가치의 지속적 확장이다. 즉 노동자들의 재생산에 필요한 수준을 초과해 단위 시간당 생산되는 가치의 양이다. 잉여가치 범주는 사회적 잉여가 실제로 노동자들에 의해 창출된다는 것을 보여 줄 뿐 아니라 잉여의 시간적 규정이 특정한 성장의 논리와 더불어 특정한 형태의 생산 과정을 함축한다는 것도 보여 준다.(Postone & Brick, 1982: 636)

바로 이 트레드밀 효과가 추상노동부터 가치, 추상적 시간, 상품, 화폐, 자본의 범주에 이르는 자본주의의 근본적인 사회적 매개 형태들에 내재하는 추상적 형태의 사회적 지배, 즉 "시간에 의한 인간의 지배"를 표현하고 구성한다(Postone, 2017: 37). 트레드밀 동역학은 특별잉여가치를 획득하기 위해 기업들이 벌이는 추격 게임의 맥락을 설명할 때 비로소 명확해진다. 마르크스의 이론 체계에서 상품의 가치를 결정하는 것은 그것의 '재생산'을 위해 사회적으로 필요한 노동시간이다. 각각의 상품을 재생산하는 해당 산업 부문 전체의 생산 능력, 즉 사회적으로 필요한 '재생산' 노동시간이 양적 측면에서 가치의 척도로 규정된다.

특별잉여가치는 바로 그러한 사회적 가치와 개별적 가치의 차이로서 주어진다. 예컨대 사회적으로 필요한 재생산 노동시간의 평균을 초과하는 우월한 생산 방식을 채택한 선도적 기업이 있다고 생각해 보자. 그 기업은 사회 평균 이상의 생산성으로 상품을 재생산할 수 있으므로, 동일한 상품을 재생산하는 데 더 적은 노동시간을 필요로 한다. 그러면 상대적으로 우수한 생산기술과 평균보다 높은 생산성을 가진 그 기업은 사회적 평균보다 낮은 비용이 든 생산물을 사회적 평균으로 정해진 가격에 그대로 맞추어 판매함으로써(실제로 투입된 노동량보다 더 큰 가치를 가진 상품으로 시장에 내놓음으로써) 초과이윤(excess profit)을 얻을 수 있다(Harvey, 1995: 58-59).

마르크스의 말대로 "이 상품의 개별적 가치는 이제 그것의 사회적 가치보다 낮다. 즉 이 상품은 사회적 평균조건 아래에서 생산된 대다수의 같은 상품들보다 더 적은 노동시간을 필요로 한다". 이러한 사실에 근거해 그 기업은 사회적 평균보다 훨씬 높은 생산성으로 상품을 재생산하면서도 사회적 평균가격에 따라 그것을 판매함으로써 특별잉여가치를 획득한다(Marx, 2008a: 443). 따라서 특별잉여가치는 "개별 자본의 생산성이 사회적 평균 생산성보다 더 높아서 자신의 생산물을 사회적 평균가치보다 낮게 생산해 초과이윤을 실현하는 경우"를 가리킨다(Marx, 2010a: 71).

요컨대 자신이 속한 산업 부문의 평균적인 생산성 수준보다 더 높은 수준으로 상품을 생산하는 개별 자본이 특별잉여가치를 획득할 수 있게 하는 상대적 잉여가치 생산의 논리는 생산성을 증대하려는 자본의 충동이 자본주의적 생산 양식의 강력한 내재적 경향임을 보여 준다. 이제 모든 개별 자본은 특별잉여가치를 획득하기 위해 구체노동의 수준에 개입해 생산성 증대를 추구할 수밖에 없기 때문이다. 그러나 아직 트레드밀 효과가 충분히 드러나지 않았다. 포스톤의 트레드밀 개념의 핵심은 특별잉여가치의 '일시적 경향'에 있다.

기술 혁신을 통해 생산성을 비약적으로 증대한 특정 기업에서 시계로 측정된 구체적 노동시간이 경쟁자들보다 단축되었을지라도 그러한 혁신이 그 기업에만 한정되기 때문에, 즉 개별적 가치가 아니라 '사회적' 가치를 규정하는 추상적 시간으로서 사회적 필요 노동시간에는 아직 변화를 초래하지 못했기 때문에, 해당 기업은 경쟁자들보다 신속하게 생산하면서 초과이윤을 획득할 수 있다. 하지만 다른 기업들도 경쟁에서 살아남기 위해 생산성을 증대해야 하므로 동종 산업 부문에서 상품을 생산하는 데 필요한 평균적 재생산 노동시간이 전반적으로 감소한다.

그러면 사회적 가치가 재조정됨으로써 혁신된 생산 방식에서조차 개별 상품들의 가치가 다시 줄어들고 만다. 증대된 생산성이 단위 시간당 생산된 사용가치의 총량을 아무리 증가시켜도 단위 시간당 창조된 가치의 크기에서는 단기적 증가를 낳을 뿐이다. 즉 높아진 생산성이 부문 전체에서 일반화되면 사회적 필요 노동시간은 재규정되고, 단위 시간당 가치의 크기는 그 기본 수준으로 다시 떨어진다(Marx, 2008a: 101-102). 개별 자본의 관점에서는 가치 증식을 위해 기술 혁신을 통한 생산성 증대를 추구했을 뿐이지만, 그러한 혁신이 '경쟁의 강제법칙'을 따라 산업 부문 전체에서 일반화됨으로써 사회적 필요 노동시간이 감소해 개별 상품의 가치량이 줄어들어 버리는 것이다.

그런데 이런 상황에서도 기업들은 생산성 증대를 향한 기술 혁신을 멈출 수 없다. 잉여가치를 획득할 수 있는 다른 방법이 없기 때문에 특별잉여가치가 일시적으로만 획득되고 이후에 가치량이 다시 떨어질 것이 예상됨에도 생산성 증대를 추구하는 일이 반복된다. 결과적으로 생산의 평균속도가 증가하기 때문에 모든 기업은 단지 생존을 도모하기 위해 더욱 생산성을 높여야 하고, 가치량이 줄어들면 다시 예전과 동일한 양의 가치를 생산하기 위해 생산성을 증대하는 무한 루프에 빠진다(TLSD: 288-291). 포스톤에 따르면 이러한 악무한(惡無限)의 상황이 "생산 그리고 더욱 일반적으로는 사회적 삶의 계속 진행 중인 변형을 발생시키는 동시에 사회적 삶의 변함없는 특징으로 자신의 근본적 조건을 재구성하는" 모순적 동역학, 요컨대 '변형과 재구성의 변증법'으로서 트레드밀이다(Postone, 2015: 18).

쉽게 말해 'tread'(밟다)+'mill'(방아)의 합성어인 트레드밀, 더 적나라하게 말하자면 '다람쥐 쳇바퀴'처럼 동일한 장소에 머무르기 위해(동일한 가치를 생산하기 위해) 계속해서 더 빨리 달려야만 하는(더욱 생산성을 높여야만 하는) 벗어날 수 없는 조건이 자본주의의 역사적 동역학을 규정한다. 자본주의의 "변화를 계속하고 있고, 재생산을 진행하고 있는 비선형적 동학"이 마치 다람쥐가 쳇바퀴를 도는 것처럼 나타나는 셈이다(Ward, 2017: 98). 흡사 트레드밀처럼 재생산 속도가 점점 빨라지기 때문에 기업들은 그저 생존하기 위해 더 적은 시간에 더 많이 생산해야 하고, 동일한 양의 가치를 지속해서 생산해야 한다는 강박에 시달린다(TLSD: 289). 트레드밀 효과가 생산성 증대에 대한 추구를 무한 반복의 과정으로 만들어 버리는 것이다. 이처럼 단기적인 초과이윤 획득을 위해 생산성 증대를 강요하는 트레드밀 동역학을 통해 우리는 더 높은 수준의 생산성을 위한 자본주의의 가공할 추동력뿐 아니라 그것이 지닌 치명적인 불안정성도 함께 이해할 수 있다. 이러한 모순에도 불구하고 자본과 노동 모두 추상적 시간과 역사적 시간의 트레드밀 동역학에 갇혀 있다는 것이 포스톤의 요점이다.

## 참고문헌

류동민(2000). "디지털 네트워크 경제의 특성에 대한 정치경제학적 분석". 강철규 외. ≪21세기 한국사회경제의 발전전략≫, 245-278쪽. 여강출판사.

Harvey, D.(1982). *The Limits to Capital.* University of Chicago Press. 최병두 옮김(1995). ≪자본의 한계≫. 한울.

Marx, K.(1979). *Das Kapital: Kritik der politischen Ökonomie Bd. 1, Der Produktionsprozess des Kapitals.* MEW Bd. 23. Dietz Verlag. 강신준 옮김(2008a). ≪자본 Ⅰ-1≫. 길; 강신준 옮김(2008b). ≪자본 Ⅰ-2≫. 길.

Marx, K.(1987). *Das Kapital: Kritik der politischen Ökonomie Bd. 3, Der Gesamtprozess der kapitalistischen Produktion.* MEW Bd. 25. Dietz Verlag. 강신준 옮김(2010a). ≪자본 Ⅲ-1≫. 길; 강신준 옮김(2010b). ≪자본 Ⅲ-2≫. 길.

Murthy, V.(2009). Introduction. Reconfiguring Historical Time: Moishe Postone's Interpretation of Marx. In Postone, M., Murthy, V., & Kobayashi, Y. *History and Heteronomy: Critical Essays*, pp. 9-30. UTCP.

Newton, I.(2022). *Sir Isaac Newton's Mathematical Principles of Natural Philosophy and His System of the World.* University of California Press.

Postone, M.(1993/2003). [TLSD] *Time, Labor, and Social Domination: A Reinterpretation of Marx's Critical Theory.* Cambridge University Press.

Postone, M.(2015). The Task of Critical Theory Today: Rethinking the Critique of Capitalism and Its Futures. In Dahms, H. F.(ed.). *Globalization, Critique and Social Theory: Diagnoses and Challenges*, pp. 3-28. Emerald

Group Publishing Limited.

Postone, M.(2017). Marx, Temporality and Modernity. In Liu, J. C. H. & Murthy, V.(eds.). *East-Asian Marxisms and Their Trajectories*, pp. 29-48. Routledge.

Postone, M.(2020). Capital and Temporality. In Musto, M.(ed.). *The Marx Revival: Key Concepts and New Critical Interpretations*. Cambridge University Press. 정구현 외 옮김(2022). "자본과 시간성". ≪마르크스의 부활: 핵심 개념과 새로운 해석≫, 239-265쪽. 한울.

Postone, M. & Brick, B.(1982). Critical Pessimism and the Limits of Traditional Marxism. *Theory and Society*, *11*(5), pp. 617-658.

Stoetzler, M.(2004). Postone's Marx: A Theorist of Modern Society, Its Social Movements and Its Imprisonment by Abstract Labour. *Historical Materialism*, *12*(3), pp. 261-283.

Ward, M.(2017). Historical Difference and the Question of East-Asian Marxism. In Liu, J. C. H. & Murthy, V.(eds.). *East-Asian Marxisms and Their Trajectories*, pp. 87-102. Routledge.

08
# 노동의 잉여성과 가치의 필수성

축적을 향한 무제한적 충동에서 비롯된 자본의 생산성 증대에 대한 강박이 트레드밀에 비유되는 자본주의 특유의 지향적으로 역동적이면서 불균등하고 비선형적인 성장 궤도를 만들어 낸다. 중요한 것은 트레드밀 효과가 지속적으로 발효되면서 생산이 갈수록 직접적 인간노동을 대체하는 과학기술·지식정보의 적용에 의존하게 된다는 점이다. 생산성 증대에 관한 자본의 강박이 생산 과정에서 과학기술과 지식의 중요성을 점점 더 키워 '기계에 의한 노동의 기술적 대체'를 가속화한다.

## 현대 사회의 이중적 위기

포스톤은 트레드밀 효과가 자본주의적 현대성의 핵심에 있는 매우 복잡하고 비선형적인 역사적 동역학의 기저를 이룬다고 설명한다. 한편으로 그것은 생산, 기술, 주거, 교통, 통신, 교육, 사회적 관계 등 생활세계 전반에 걸친 지속적이고 가속화된 변형을 추동한다. 다른 한편으로는 자본주의의 근본적 토대를 재생산한다. 특히 가치의 범주는 생산성 수준의 고도화와 무관하게 자본주의적 부의 본질적 형태로 남아 있고, 따라서 가치를 생산하는 노동 역시 체계의 핵심 요소로 존속한다. 이러한 모순은 사회적 노동을 새롭게 조직할 수 있는 사회적 삶의 가능성을 창출할 뿐 아니라 그 실현을 구조적으로 제약하는 역설적 메커니즘으로 작용한다. 그리하여 자본주의의 역사적 동역학은 끊임없이 '새로운' 것을 생성해 사회를 '변형'하면서 '동일한' 것을 재생산해 그 사회를 자본주의적으로 '재구성'한다(Postone, 2019: 102).

포스톤은 이러한 변형과 재구성의 변증법을 보여 주는 사례로 그의 유작이 된 논문에서 현대 사회의 이중적 위기, 곧 자연환경의 파괴와 노동사회의 종말을 제시한다(Postone, 2019: 103). 우선 생태계 위기와 관련해 상대적 잉여가치 생산으로 나타나는 가치의 시간적 차원이 생산성 증대의 압력에 의해 추동되는 특정한 경제성장의 패턴을 야기한다고 지적한다. 이는 잉여가치보다 훨씬 더 큰 물질적 부의 증가를 발생시킬 뿐 아니라 원자재와 에너지에 대한 막대한 수요를 초래해 환경의 파괴를 가속화하는 성장 패턴이다. 경제성장의 모델이 이처럼 구조화된 근본적 원인은 물질적 부와 달리 추상적·시간적 형태의 부인 가치가 생산을 특이한 과정, 즉 물질마저 추상적 시간의 단위로 환원하는 방식으로 만들어 버린 데 있다. 따라서 애초에 물리적 경계가 없는 자본은 자연으로부터 원자재를 공급받는다는 점에서 자본주의 경제의 존립 조건인 생태계의 필연적 한계를 고려하지 않은 채 무한한 가치 증식을 추구한다(Postone, 2019: 103; Fraser, 2023: 165-166).

현대 사회의 위기에 관한 포스톤의 최후 논의에서 노동사회의 종말은 생태계 위기보다 훨씬 복잡한 논리를 지닌다. 노동의 위기는 트레드밀 동역학과 직접적으로 결부되어 있는 문제다. 포스톤은 이미 마르크스의 '움직이는 모순' 테제에 입각해 그것을 ≪시간과 노동 그리고 사회적 지배≫에서 자주 언급했다. 포스톤에 따르면 "자본주의의 기본적 모순은 사회적 관계들과 부의 형태뿐 아니라 생산양식의 구체적 형태가 그 체계의 물질적 부를 창조하는 잠재력의 관점에서 시대착오적이게 될 때조차 여전히 가치에 의해 결정된다는 사실에 바탕을 둔다"(TLSD: 232). 쉽게 말해 노동시간을 척도로 삼는, 자본주의에 특유한 부의 형태인 가치가 더 이상 직접적 인간노동의 투입 없이도 막대한 규모의 물질적 부를 성공적으로 생산하고 있는 지식기반 경제의 잠재력에 적합하지 않음에도 불구하고, 이른바 4차 산업혁명 시대라 불리는 오늘날까지 여전히 자본주의에서 부와 사회적 관계의 기본 범주로 남아 있다는 것이다(TLSD: 199-200). 이러한 상황은 결국 생산성을 높이기 위해 기술 혁신이나 노동 과정 재편을 통해 잉여가치를 생산하는 노동력 투입을 최소화하면서도 가치의 실체로서 추상노동을 고수하려는, 즉 자본의 가치 증식을 위해 시도되는 생산성 증대의 결과로 정작 가치의 실체이자 잉여가치의 원천으로서 직접적 인간노동이 생산 과정에서 퇴출되는 가치 증식 과정 자체의 모순적 유인책에 의해 규정된다(Lange, 2021: 123).

## 변형과 재구성을 거듭하는 노동사회

물론 포스톤도 생산성의 지속적 증대를 향한 추동력이 생산 과정에서 과학기술·지식정보의 중요성을 증대한다는 점을 부인하지 않는다. 자본의 동역학이 추진하는 이러한 변화는 사회적으로 일반화된 지식(마르크스의 표현으로는 '일반지성')의 거대하고도 급속한 축적을 수반했다. 곧 이어 자본의 통제하에서 과학기술과 지식정보의 결실로 등장한 노동과 경제의 디지털화(digitalization)는 상대적 잉여가치의 증대를 위해 인간을 자동화된 생산 과정에서 배제하고 그 자리를 로봇이나 인공지능으로 대체해 왔다. 이러한 역사적 발전의 경향이 노동시간, 즉 가치와 직접적 인간노동에 기초한 생산 방식을 점점 더 시대착오적인 것으로 만들어 가고 있다. 이런 맥락에서 마르크스도 프롤레타리아드를 '이행 중인(in transition)' 노동계급, 그들로부터 더 많은 잉여가치를 추출하기 위해 생산성이 향상될수록 정작 생산 과정에서 점점 퇴출당하는, 그래서 항상적 유동성에 시달리는 계급으로 규정한 것이다(Marx, 2008b: 839; Benanav & Clegg, 2018: 1636).

그럼에도 포스톤은 자본주의 발전의 동역학이 사회 전반에 걸친 대규모의 노동시간 단축과 임금노동의 쇠퇴 그리고 노동의 사회적 조직 방식의 근본적 변화 가능성을 열어 준다는 사실 역시 인정한다. 다만 이는 포스톤에게 전통적 마르크스주의의 낙관적 기대와 달리 자본주의의 폐지가 프롤레타리아트의 자기실현이 아니라 그들의 자기폐지를 수반할 것이라고 시사할 뿐이다. 더욱 중요한 것은 바로 이 지점에서 자본주의의 근본적 모순이 다시 전면에 나타난다는 사실이다. 자본주의는 한편으로는 인간을 생산과정에서 제거하는 '포스트휴먼' 경향을 명백히 보여 주고 있고, 그래서 우리에게 '노동 없는 사회', '노동의 종말'과 같은 선언들이 현실로 다가오고 있기도 하다. 그러나 다른 한편으로 여전히 로봇이든 인공지능이든 "그것들이 이미 가치들이기 때문"에 자본주의는 가치를 창출할 수 없는 '죽은 노동'(기계)이 아니라 "그것의 부정적 능력, 즉 노동이기를 거부할 수 있는 그것의 역량"으로 가치를 창출할 수 있는 '산 노동'(인간)을 필요로 한다(Caffentzis, 2018: 265-266).

단적인 예로 우리는 오늘날 플랫폼노동으로 상징되는 불안정 노동과 불완전 고용이 강화되고 다양화하며 이종화하면서 세계 전역에 걸쳐 거대하게 증식하는 현상을 목도하고 있다. 그래서 놀랍게도 인공지능과 로봇으로 대변되는 4차 산업혁명의 핵심 기술들이 일자리를 대대적으로 소멸시키고 있다는 주장을 뒷받침하는 실증적·통계적 근거를 어디에서도 발견할 수 없다. 노동의 종말이 임박했다는 4차 산업혁명론의 주장과는 정반대로 노동의 헤아릴 수 없는 다양성이 전(全) 지구적으로 나타나고 있다. 노동경제학자 가이 스탠딩(Guy Standing)의 지적대로, 노동의 종류만 늘어난 것이 아니라 OECD 국가들과 중국·인도 같은 신흥 시장경제에서 임금노동자 수로 정의되는 일자리의 수(취업률) 자체도 역사상 그 어느 때보다 높아졌다. 더욱이 그러한 노동의 다양성과 총량의 증가가 사회적 삶에서 노동의 중심 지위를 무너뜨리기는커녕 도리어 노동의 중심성을 강화해 왔다(Standing, 2014).

이렇듯 자본주의의 역사적 동역학은 프롤레타리아 노동의 필요성을 해체하는 동시에 그것을 재구성하는 모순적 성격을 드러낸다. 바로 그러한 노동사회의 변형과 재구성의 변증법이 노동시간의 대규모 단축을 통해 포스트자본주의의 가능성을 열어 주면서도 불필요해진 인간들을 '슬럼'으로 내몰고 있다는 점에서 자본의 한계를 더욱 적나라하게 드러낸다(Nesbitt, 2017: 25-26).

## 자본주의 너머를 향한 가능성의 왜곡된 발현

포스톤의 관점에서 자본주의는 가치의 실체인 추상노동에 더 이상 기초하지 않는 새로운 생산 양식의 역사적 가능성을 낳고 있다. 그러나 자본주의는 여전히 가치에 기반하기 때문에 그것이 자동적으로 붕괴해 그것을 극복한 사회가 그 안에서 자동적으로 실현될 가능성은 없다. 왜 그러한가?

포스톤이 이에 관해 자세히 밝힌 것은 아니지만, 우리는 왜 가치와 프롤레타리아적 노동이 자본의 근본적 형태에 필수적인지를 이미 직관적으로 잘 알고 있다. 인간노동이 가치의 실체로 남아 있어야만 애초에 화폐-상품 관계에 의해 조직된 사회적 관계, 즉 처음부터 사물과 사물의 관계를 통해 나타나는 자본에 의해 형성된 그 '상품들 사이의 사회계약'이 사회적 재생산의 조건들을 통제하는 이들과 사회적 재생산의 조건들에 대한 직접적 접근으로부터 배제된 이들 간의 불평등한 계급적 지배관계를 재생산할 수 있기 때문이다. 달리 말해 생산수단과의 관계에 바탕을 둔 프롤레타리아트에 대한 부르주아지의 계급 지배는 '사람들과 사물들 간의 관계', 즉 물신화된 가치관계에 의해 매개된 형태로 관철되어야 하기 때문이다.

"가치의 지배가 사람들과 사물들 간의 관계에 의해 매개된 사람들에 의한 사람들의 지배"인 이상, 인간노동이 그러한 가치지배 관계의 핵심에 자리 잡은 것은 지극히 당연한 일이다(Mau, 2023: 187). 그러므로 현재 우리가 목도하는 것은 "한편으로 그 축적이 노동에 의해 매개되는 사회적 관계들의 형식에 유도되는 사회적으로 일반적인 지식·기술과 다른 한편으로 이러한 형식의 매개 그 자체 사이의 모순" 또는 "계속해서 생산성을 증대하려는 충동과 직접적 노동시간의 필수적 지출 사이의 긴장"이 극대화하는 양상이다(TLSD: 304, 345). 문제는 이러한 긴장이 지속될수록 포스트자본주의의 역사적 가능성이 발현하는 형태가 기이하게 왜곡된다는 점이다. 무엇보다 계급관계·소유관계를 포함한 자본주의적 사회관계가 시대착오적인 부의 형태로서 가치와 프롤레타리아적 노동이 폐지될 가능성을 차단해 자본의 사회형태들을 끊임없이 재구성해 나간다는 데서 그 원인을 찾을 수 있다.

결과적으로 이미 시대착오적인 것으로 드러난 프롤레타리아적 노동의 폐지 가능성이 역사 속에서 전도된 형태로, 예컨대 잉여적 노동이 증가하는 형태로, 노동인구 대부분이 잉여인구로 전락해 가는 형태로, 안정적이고 공식적인 일자리 대신 불안정하고 비공식적인 형태의 고용이 증대하는 방향으로, 궁극적으로 프레카리아트(precariat)라고 불리는 '새로운 위험한 계급'이 폭발적으로 늘어나는 양상으로 전개되고 있다(Postone, 2019: 104). 이른바 '노동의 프레카리아트화' 현상이다.

물론 그런 상황은 자본의 가치 증식에도 파괴적인 결과

를 초래할 것이다. 기술 진보와 더불어 생산 과정에서 직접적 인간노동을 대규모로 퇴출하면서 잉여가치의 원천, 즉 가변자본이라고 불리는 노동력마저 고갈시키기 때문이다. 가치 증식을 목표로 하는 선진화된 상품사회의 과대한 생산성이 가치의 실체로서 인간노동의 퇴출에 의존하는 모순적 상황, 마르크스의 표현을 빌리자면 "이 기초를 공중에서 폭파하기 위한 물질적 조건들"이 구축되는 것이다(Marx, 2007b: 382). 이런 맥락에서 독일의 경제사회학자 볼프강 슈트렉[슈트레크](Wolfgang Streeck)이 자본주의를 "내생적으로 역동적이고 역동적으로 불안정한 사회 체계, 즉 팽창 성향이 있고 팽창에 의존하며, 대개 이런 이유 때문에 특히 오늘날 위태로운 상황에 처한 체계"로 규정한 것은 포스톤의 관점에도 잘 부합한다(Streeck, 2018: 361).

## 참고문헌

Benanav, A. & Clegg, J.(2018). Crisis and Immiseration: Critical Theory Today. In Best, B., Bonefeld, W., & O'Kane, C.(eds.). *The SAGE Handbook of Frankfurt School Critical Theory*, pp. 1629-1648. SAGE.

Caffentzis, G.(2012). *In Letters of Blood and Fire*. PM Press. 서창현 옮김(2018). ≪피와 불의 문자들: 노동, 기계, 화폐 그리고 자본주의의 위기≫. 갈무리.

Fraser, N.(2022). *Cannibal Capitalism*. Verso. 장석준 옮김(2023). ≪좌파의 길: 식인 자본주의에 반대한다≫. 서해문집.

Lange, E. L.(2021). *Value Without Fetish*. Brill.

Marx, K.(1979). *Das Kapital: Kritik der politischen Ökonomie Bd. 1, Der Produktionsprozess des Kapitals*. MEW Bd. 23. Dietz Verlag. 강신준 옮김(2008a). ≪자본 Ⅰ-1≫. 길; 강신준 옮김(2008b). ≪자본 Ⅰ-2≫. 길.

Marx, K.(1983). *Grundrisse der Kritik der politischen Ökonomie*. MEW Bd. 42. Dietz Verlag. 김호균 옮김(2007a). ≪정치경제학 비판 요강 Ⅰ≫. 그린비; 김호균 옮김(2007b). ≪정치경제학 비판 요강 Ⅱ≫. 그린비.

Mau, S.(2023). *Mute Compulsion: A Marxist Theory of the Economic Power of Capital*. Verso books.

Nesbitt, N.(2017). Marx After Marxism: Value, Critique, Crisis. *Contradictions, 1*(2), pp. 23-39.

Postone, M.(1993/2003). [TLSD] *Time, Labor, and Social Domination: A Reinterpretation of Marx's Critical Theory*. Cambridge University Press.

Postone, M.(2019). The Current Crisis and the Anachronism of Value. In Musto, M.(ed.). *Marx's Capital After 150 Years*,

pp. 94–107. Routledge.
Standing, G.(2014.3.4.). Why the Precariat Is Not a "Bogus Concept". *openDemocracy*. https://www.opendemocracy.net/en/why-precariat-is-not-bogus-concept
Streeck, W.(2017). *How Will Capitalism End?: Essays on a Failing System*. Verso Books. 유강은 옮김(2018). ≪조종이 울린다: 자본주의라는 난파선에 관하여≫. 여문책.

09

# 자본주의 너머를 향한 새로운 사회운동

포스톤은 자본주의에 대한 비판과 대립의 세 가지 형태를 개념적으로 구별하고, 그중에서도 트레드밀 동역학과 같은 자본주의의 구조적 모순에 기초한 운동을 포스트자본주의를 향한 가장 유력한 사회운동으로 규정한다. 자본주의 극복에 필요한 사회운동의 유형에 관한 포스톤의 착상은 자본주의가 스스로 생성한 가능성과 현실성 사이의 증대하는 간극에 기초한 비판적 실천을 전제한다. 이러한 사회운동 전략의 결정적 표적은 잉여가치의 공정한 분배를 넘어 가치 자체의 폐지다. 가치 자체를 폐지하려면 생산성 증대의 필요성과 노동시간 지출의 구조적 필요성을 함께 폐지해야 한다. 결국 가치 폐지의 출발점은 가치를 생산하는 프롤레타리아적 노동의 폐지다.

## 자본주의를 어떻게 극복할 것인가

포스톤은 ≪시간과 노동 그리고 사회적 지배≫의 10장 "결론적 고찰"에서 자신이 생각하는 자본주의 극복의 방향을 제시한다(TLSD: 385-399). 포스톤에게 자본주의를 어떻게 극복할지 사유하는 것은 자본주의의 본질이 무엇인지를 사유하는 것과 불가분하다. 자본주의의 구조적 모순을 변형과 재구성의 변증법에서 찾는 한 자본주의의 극복 역시 "분배 방식의 수준보다 더 본질적인 수준에서 변증법적 역사 발전의 개념을 회복함"으로써만 가능하다는 것이다(TLSD: 391). 따라서 마르크스 이론의 초점을 "노동에 의해 구성되는 사회적 매개의 결정적 형태에 대한 것"(TLSD: 393)으로 재해석하는 포스톤의 작업은 자본주의 극복에 대해서도 기존 견해들과 사뭇 다른 접근을 노정한다. 즉 산업자본주의 단계에서 발전한 사회적 생산과 관리 형태를 자본주의와 무관한 (혹은 그것을 넘어선) 현대성의 필수 요소로 긍정하지도, 그것과 자본주의를 완전히 동일시하며 전면 폐지를 요구하지도 않는다.

그 대신 포스톤의 비판이론은 자본주의가 스스로 발전시켜 온 사회 변형의 가능성에 주목한다. 마르크스의 정치경제학 비판은 자본주의의 추상적이고 준객관적인 사회관계와 생산의 본질 그리고 트레드밀 동역학으로 특징지어지는 성장 논리를 비판함으로써 현대의 문제들과 불만, 열망의 원천을 전통적 마르크스주의보다 더 적절하게 분석할 수 있는 기초를 제공한다. 마르크스의 이름을 빌려 사실상 포스톤 자신의 비판이론에 부여하는 이러한 상대적 우월성은 포스톤이 전통적 마르크스주의에서 자본주의 극복의 역사적 주체로 상정되어 온 노동운동의 한계를 지적하는 부분에서 가장 명시적으로 드러난다.

> 보통 노동계급 의식이라고 불리는 것은 자본주의적 사회구성체의 경계 내에 머무른다.… 노동자들이 물질적으로나 정신적으로 부패했기 때문이 아니라, 프롤레타리아적 노동이 자본에 근본적으로 모순되지 않기 때문이다.… 프롤레타리아트의 자기주장과 관련된 행동과 주체성의 형태가 아무리 전투적이었다고 하더라도, 그것들은 자본주의의 극복을 향해 나아가지 않았고 나아가지도 않는다. 그것들은 자본을 초월하는 형태가 아니라 자본을 구성하는 행동과 의식의 형태를 나타낸다.(TLSD: 371)

이렇듯 전통적 마르크스주의와 동일한 세계관을 공유하는 전통적 노동운동은 자본주의의 반대자가 아니라 자본주의 체제의 표현일 뿐이다(Van der Linden, 1997: 451). 포스톤은 마르크스를 인용해 계급 적대의 본질을 노동력 상품의 구매자와 판매자 간 이익 갈등에서 파악한다(TLSD: 317). 실제로 마르크스도 양자의 갈등을 "권리 대 권리라는 이율배반"에 기인한 것으로 보며 양측 다 교환법칙의 보증서를 동등하게 지니고 있어 결국 동등한 권리 사이에서는 힘의 크기가 결정적이라고 설명한 바 있다(Marx, 2008a: 334). 계급 갈등은 상품 소유자들 간의 갈등, 노동력 구매자와 판매자 간의 이해관계 충돌이며, 철저하게 자본주의의 논리 안에서 작동한다. 심지어 그것은 트레드밀 효과에서 보듯 물질적 부가 커지는 발전의 유인책으로서 상품과 자본의 사회형태 자체에 내장되어 있다(TLSD: 319). 자본과 노동 간 계급 적대와 자본가와 노동자 간 상품교환은 상반되는 원칙에 기반하지 않는다. 오히려 둘 다 자본의 필수 요소다. 즉 전통적 노동운동이 대변하는 계급투쟁은 상품에 의해 총체화된 사회에 본유적이다(TLSD: 317). 그러니 자본주의를 극복하려면 완전히 새로운 형태의 운동이 요구될 수밖에 없다.

## 자본주의 비판과 대립의 세 가지 형태

포스톤은 자본주의를 극복할 새로운 유형의 사회운동 이론을 구축하기 위해 우선 자본주의에서 사회적으로 구성된 비판과 대립의 세 가지 주요 형태들을 식별한다(TLSD: 392). 이 세 가지 형태는 복잡한 사회 현상을 '이념형적'으로 단순화한 개념적 모델이지만, 자본주의 극복을 위한 사회운동의 방향을 모색하는 데 귀중한 통찰을 제공하기에 자세히 살펴볼 필요가 있다.

첫째 형태는 사람들이 전통적으로 가치 있는 것으로 인정하는 것들에 바탕을 두고, 자본주의가 그 가치들을 파괴하는 것에 저항한다. 물론 이 형태는 보수적 사회운동이라고 할 수 있다. 그들이 지키고자 하는 가치가 아무리 중요하더라도 말이다. 토지와 노동과 화폐는 애초에 시장에서의 판매를 위해 생산되지 않았기 때문에, 나아가 상품화가 그것들의 본래적 기능을 부정하기 때문에 자본주의의 지속가능성마저 위협한다는 칼 폴라니(Karl Polanyi)식 자본주의 비판을 예로 들 수 있다(Polanyi, 2009: 243). 이러한 비판은 상품화나 시장화에 물들지 않은 토지와 화폐와 노동의 순수한 과거에 대한 낭만적 신화에 기초한다는 점에서 보수적이다. 낸시 프레이저(Nancy Fraser)의 폴라니 비판을 따라서 브렛 크리스토퍼스(Brett Christophers)가 적절히 논평했듯 "허구적 상품들의 내재적 본성이 그것들을 시장화에 저항적이게 한다고 주장하는 것은 '세 가지 중 어느 것도 순수한 형태로는 결코 마주치지 못하고, 오직 이미 인간 활동과 권력관계에 의해 형성된 형태로만 마주친다'는 명백히 두드러지는 사실을 무시하는" 외재적 비판에 그친다(Christophers, 2016: 141; Fraser, 2014: 547 참조).

둘째 형태는 현대 사회의 이상(자유와 평등, 정의와 공정, 합리성과 자율성 등)과 현실 사이의 괴리에 기반한다. 이는 자유주의적 시민권 운동부터 노동운동에 이르는 광범한 사회운동을 특징짓는다. 그러나 포스톤에게 이러한 형태의 비판과 대립은 자유주의적 한계에 머물러 있는 것으로 간주된다. 이상과 현실의 간극을 설명하기 위해 동원되는 일단의 가치들로는 자본주의 사회의 근본적 모순을 표현하지 못할뿐더러 이상이 실현되지 못하는 현실에 대한 불만으로는 트레드밀 효과 같은 변증법적 동역학에 의해 구성되는 사회적 지배의 총체성을 넘어서는 방향을 모색할 수 없기 때문이다(TLSD: 90).

그리하여 포스톤이 최종 대안으로 제시하는 셋째 형태가 바로 "특수성에 대립하기보다는 특수성을 포괄하는 새로운 형태의 보편주의를 추구"하는 운동 유형이다(Hamza

& Ruda, 2016: 509). 이는 앞선 둘째 형태의 '규정적 부정(determinate negation)'으로, 실현되지 않는 근대적 계몽주의의 이상이 아니라 변형과 재구성을 거듭하는 현대 자본주의에 의해 생성되는 자본주의 너머의 가능성과 그것을 제약하는 권력관계의 현실성 사이 점증하는 간극에 기반을 둔다. 포스톤은 ≪정치경제학 비판 요강≫의 '움직이는 모순' 테제와 자신의 '트레드밀' 개념으로 표현되는 현대 자본주의의 모순적 동역학으로부터 포스트자본주의 사회의 가능성을 도출하고 이를 자신이 지지하는 비판과 대립의 방향으로 제시한다.

여기서 포스톤은 전례 없이 자본의 유기적 구성이 고도화되면서[자본 축적이 정세와 노동의 디지털화를 수반해 진행되면서 투하된 전체 자본에서 고정자본(클라우드와 인공지능과 로봇에 이르는 모든 기계류) 비중이 질적으로나 양적으로나 가변자본(직접적 인간노동)을 압도하는 상황에서] 가치라는 부의 사회형태와 그것을 생산하는 프롤레타리아적 노동이 점점 더 시대착오적이고 잉여적인 것으로 드러나는 작금의 현실을 비관하기보다 적극적으로 전유하려 한다. 포스톤에게 오늘날 우리가 마주하고 있는 가치의 시대착오성은 "전(前) 자본주의적 과거가 아니라 자본주의를 넘어서는 방향을 가리키는, 자본주의에 의해 발전된 가능성을 그 입지점으로 삼는 현대성에 대한 비판 이론"의 유력한 현실적 근거이기 때문이다(TLSD: 392).

## 가치의 폐지에 초점을 맞춘 자본주의 극복 전략

포스톤이 제시한 새로운 유형의 운동이 갖는 이론적·실천적 잠재력에 관해서는 슈퇴츨러의 논평이 유용하다. 슈퇴츨러는 포스톤이 지지하는 셋째 형태의 운동이 "자본을 언제나 악을 의도하지만 의도치 않게 선을 생산하는 악마적 힘으로 이해하는 것"이라고 본다. 이는 자본주의가 억압과 착취의 체계로 기능하면서도(악의적 의도) 새로운 기술적·사회적 가능성(잠재적 선)을 생산하는 모순적 현실을 정확히 포착한다(Stoetzler, 2004: 281-282). 현대 사회에서는 가치 생산이 여전히 지배적인 부의 형태이므로 우리는 그로 인해 발생하는 일상의 그로테스크한 시대착오적 경험을 오히려 자본주의 극복의 기반으로 삼아야 한다.

그렇다면 사회운동의 목표는 이제 잉여가치의 공정한 분배를 넘어 가치 그 자체를 폐지하는 것이 된다. 그리고 가치를 폐지하기 위해서는 자본주의를 내생적으로 역동적이고 역동적으로 불안정한 사회 체계로 만드는 가치화의 두 가지 강박, 즉 잉여가치 생산을 위해 생산성을 언제나 증대해야 할 필요성과 생산에서 즉각적 노동시간이 지출되어야 할 구조적 필요성을 '함께' 폐지하려 노력해야 할 것이다. 자본주의 사회에서는 직접적 인간노동이 바로 그러한 가치를 생산하도록 규정되고 있으므로, 가치를 폐지하기 위해 일차적으로 겨냥해야 할 표적은 역시 노동일 수밖에 없다. 머시의 지적대로 포스톤의 노동해방 기획은 "자본주의 사회에 고유한 역사적 시간과 추상적 시간 사이의 연계를 부정해야만 하는 정치적 기획"인 셈이다(Murthy, 2009: 19).

경제지리학자 제프 만(Geoff Mann)은 포스톤의 문제의식을 확장해 2007년 금융위기 이후 가치의 존재 의미를 탐구한 영향력 있는 논문에서 금융자산의 붕괴가 자본의 전반적 위기를 의미하지 않으며, 오히려 가치의 범주가 여전히 강력하게 작동하고 있다고 강조했다(Mann, 2010: 174). 여기서 만은 포스톤을 따라 가치가 자본주의에 특유한 사회적 부의 형태로 이해되어야 하며, 자본주의에서 노동은 가치를 생산하도록 운명 지어져 있음을 논증한다. 그러면서 부의 한 형태로서 가치의 역사적 특수성에 대한 인식은 자본주의의 변화에 따라 가치 작동 메커니즘 역시 변형됨을 시사한다고 주장한다. 만에 따르면 가치가 오직 노동에 의해서만 생산된다고 주장하는 것은 노동을 또다시 초역사화하는 것이며, 오히려 가치는 "자본주의에 특수한 등가성과 대체성의 시공간적으로 일반화하는 사회적 관계에 의해 구성되는 사회적 부의 한 형태"로 보는 것이 더 적절하다(Mann, 2010: 177).

따라서 만은 포스톤의 '변형과 재구성' 테제(가치의 시대착오성을 통해 자본주의 극복의 가능성을 보여 주는 '변형'이 일어나고 있지만 동시에 사회가 그 변형의 가능성을 제약하면서 자본주의적으로 끊임없이 '재구성'되고 있다는 주장)를 반전시켜 가치와 노동의 링크 유실에 더 무게를 두고 논의를 전개한다. 만에 따르면 자본주의 체제에서 노동이 가치 생산에 구속되어 있다는 점은 변함없는 사실처럼 보이지만, 마르크스가 이론화한 산업자본주의 시대에 추상노동이 확실히 가치의 '존재론적 기반'을 구성했다면, 오늘날의 금융자본주의 시대에는 가치가 노동의 제약에서 부분적으로 탈피하는 양상을 보이고 있다. 그래서 만은 마르크스주의자들이 "최근까지 전 세계를 누비던 신용부도스와프(Credit Default Swap, CDS), 자산담보부증권(Asset-Backed Securities, ABS), 담보부채증권(Collateralized Debt Obligation, CDO)이 가치임을 딱 잘라 부인하거나 아니면 자본이 가치를 발생시킬 수 있음을 받아들이거나" 양자택

일해야 하는 딜레마에 빠져 버린 이 시대에 자본의 위기를 논하는 데 '실제적 가치'와 '허구적 가치'를 구분하는 것은 더 이상 유효하지 않다고 지적한다(Mann, 2010: 176).

만이 현대 사회의 위기에 관한 포스톤의 논의를 확장해, 가치에 대한 비판이 자본주의의 극복에 필수적임을 적확하게 포착했다는 점을 주목할 필요가 있다. 만은 그것이야말로 포괄적인 사회운동 전략이며, 특정 계급이나 집단에 제한된 사회적 투쟁을 넘어 더욱 확장된 해방의 가능성을 내포한다고 주장한다. 이렇듯 가치의 폐지는 노동의 폐지를 전제한다는 점에서 노동계급의 정치적 역할이나 노동소외로부터의 자유에 집중하는 '노동지향적 전략'을 넘어서는 더욱 근본적인 사회적 변혁의 패러다임을 요한다. 자본주의를 극복하기 위한 운동은 자본의 논리 자체를 거부하고 가치와 시간에 의한 인간의 추상적 지배를 종식하는 총체적 해방의 기획으로 나아가야 한다.

## 참고문헌

Christophers, B.(2016). For Real: Land as Capital and Commodity. *Transactions of the Institute of British Geographers, 41*(2), pp. 134–148.

Fraser, N.(2014). Can Society Be Commodities All the Way Down? Post-Polanyian Reflections on Capitalist Crisis. *Economy and Society, 43*, pp. 541–558.

Hamza, A. & Ruda, F.(2016). An Interview with Moishe Postone: That Capital Has Limits Does Not Mean That It Will Collapse. *Crisis & Critique, 3*(3), pp. 500–517.

Mann, G.(2010). Value After Lehman. *Historical Materialism, 18*(4), pp. 172–188.

Marx, K.(1979). *Das Kapital: Kritik der politischen Ökonomie Bd. 1, Der Produktionsprozess des Kapitals.* MEW Bd. 23. Dietz Verlag. 강신준 옮김(2008a). ≪자본 Ⅰ-1≫. 길; 강신준 옮김(2008b). ≪자본 Ⅰ-2≫. 길.

Murthy, V.(2009). Introduction. Reconfiguring Historical Time: Moishe Postone's Interpretation of Marx. In Postone, M., Murthy, V., & Kobayashi, Y. *History and Heteronomy: Critical Essays*, pp. 9–30. UTCP.

Polanyi, K.(1996). *The Great Transformation.* Amereon Ltd. 홍기빈 옮김(2009). ≪거대한 전환≫. 길.

Postone, M.(1993/2003). [TLSD] *Time, Labor, and Social Domination: A Reinterpretation of Marx's Critical Theory.* Cambridge University Press.

Stoetzler, M.(2004). Postone's Marx: A Theorist of Modern Society, Its Social Movements and Its Imprisonment by Abstract Labour. *Historical Materialism, 12*(3), pp.

261–283.

Van der Linden, M.(1997). The Historical Limit of Workers' Protest: Moishe Postone, Krisis and the 'Commodity Logic'. *International Review of Social History, 42*(3), pp. 447–458.

# 10
# 포스톤 이후의 비판이론

포스톤의 비판이론은 현대 금융자본주의 연구에서 일부 학자들에 의해 적극 수용되고 있다. 대체로 산업자본주의의 트레드밀 효과와 금융 영역의 차익거래 구조 사이에 존재하는 개념적 상통성에 주목하는 이들은 포스톤의 이론을 파생 금융에 적용함으로써 금융 연구의 '포스톤적 전회'를 시도한다. 이는 포스톤의 비판이론이 본질과 현상, 진실과 거짓이라는 이분법적 틀을 넘어 자본주의의 내재적 모순을 해명하는 새로운 이론적 지평을 개척했음을 보여 준다.

## 금융화 시대의 포스톤?

포스톤의 저작은 현행되는 금융화한 자본주의 분석·비판에 어떻게 활용되고 있을까? 트레드밀 동역학에 관한 논의에서 잘 드러나듯 포스톤은 주로 산업자본주의를 중심으로 현대 사회를 분석했는데, 그의 연구가 과연 금융자본주의 시대에도 타당성을 띨 수 있을까? 물론 포스톤은 현대 자본주의에서 금융이 지배적 실체로 등장한 역사적 현상을 설명해야 할 필요성을 부정하지는 않았다. 단, 금융상품의 역할을 전면에 내세우는 자본주의 분석이 마르크스가 상품형태에 기초한 자본주의 생산을 설명하며 설정한 사회 이론의 적절성 기준을 충족할 수 있을지 의문을 제기했다(Meister, 2020: 113).

그럼에도 우리는 포스톤의 ≪시간과 노동 그리고 사회적 지배≫를 비롯한 여러 저작들에서 금융에 대한 몇 가지 중요한 언급을 찾아볼 수 있다. 예컨대 포스톤은 유작 논문에서 금융자본이 가치의 생산 과정으로부터 점점 분리되어 "그 자체의 부 생산의 영역을 구성하려는 시도로 간주될 수 있다"고 주장한다(Postone, 2019: 105). 왜 그러한가? 포스톤은 현시대 자본의 구성에서 가치를 생산하는 노동이 점점 시대착오적인 것으로 드러나지만 여전히 자본에 구조적으로 필수적인 것으로 남아 있다는 논점에 근거해 현대 자본주의의 금융화 경향을 파악한다. 설령 금융화가 자본주의를 넘어설 가능성을 시사할 수 있더라도 본질적으로 신자유주의적 금융화는 자본주의의 경계를 넘어서지 않으며 오히려 자본을 유지하려는 형태로 볼 수 있다는 것이 포스톤의 입장이다(Postone, 2019: 104).

역사적 맥락에서 포스톤은 전후 케인스-포드주의적 축적 체제에서 포스트포드주의로의 이행 과정을 가치 증식의 장기적 위기의 표현으로 간주할 수 있다고 주장한다. 그러한 이행기에 자본은 단지 노동이 가져갔던 잉여의 몫을 되찾는 데 그치지 않고 아예 잉여가치를 넘어선 새로운 부의 생성 방식을 개발하려 한다. 즉 현재의 금융화는 과거와 달리 잉여가치 생산이 정체된 상황에서 부채 주도 경제의 확장을 통해 새로운 수입원을 개발하려는 노력의 일환이다. 마르크스주의적 관점에서 금융자본은 산업자본과 상업자본의 화폐 운용을 '통합'해 가치의 이동을 '가속화'한다는 점에서 축적 과정의 더 높은 수준의 합리화 과정으로 파악된다(Manigat, 2020). 포스톤은 이렇게 통합하고 가속화하는 자본의 운동 경향이 자본주의를 넘어서는 길을 알리는 신호일 수도 있다고 지적한다. 금융자본의 가속화 논리는 자본의 이동을 더욱 강력하게 금융화해 '초국가적'

질서의 구축을 통해 전 지구적으로 조정 가능한 세계를 만들어 낸다. 그렇게 새로운 형태의 막대한 부가 잉여가치 생산과 별개로 금융 부문에서 창출되고 있다(Postone, 2019: 104).

물론 여기서 포스톤은 추상적 부로서 가치가 아니라 물질적 부를 말하고 있다. 금융이 물질적 부를 창출할 수는 있지만 가치를 생산하지는 않는다고 보기 때문이다. 한편 트레드밀 효과의 논리를 산업자본뿐 아니라 금융자본에도 똑같이 적용하는 학자들은 포스톤과 입장을 달리한다. 그런데 포스톤이 자신의 준거점으로 삼는 마르크스의 가치론에서 잉여가치는 가치 창조의 전제 조건이다. 포스톤의 트레드밀 이론은 산업자본 특유의 잉여가치 생산 논리이며, 이는 사실상 가치 창조의 논리이기도 하다. "잉여가치 없이는 가치도 없다"면(Murray, 2016: 61), 그래서 산업 부문처럼 금융 부문에서 트레드밀 동역학이 발견된다면, 금융 역시 가치를 생산한다고 볼 수 있을 것이다. 이에 따라 일부 학자들은 포스톤을 거슬러 혹은 그를 넘어서서 금융과 산업을 트레드밀 효과의 논리로 통합하고자 한다.

## 트레드밀과 차익거래

포스톤에 따르면 생산성 증대에 성공한 기업은 더 낮은 비용을 들이고도 동일한 시장 가격으로 판매할 수 있으므로 더 높은 수익률을 거둘 수 있다. 하지만 이는 다른 기업들이 동일한 혁신을 도입하기 전까지의 일시적 현상이다. 궁극적으로 상품 가격이 하락해 모든 기업이 새로운 방식으로 생산성을 높이도록 압력을 가한다. 랜디 마틴(Randy Martin), 벤저민 리(Benjamin Lee), 에드워드 리푸마(Edward LiPuma), 로버트 마이스터(Robert Meister), 캐럴린 하딘(Carolyn Hardin) 등 일단의 금융연구자들은 포스톤의 이러한 트레드밀 이론과 현대 금융경제학의 '차익거래(arbitrage)' 구조의 개념적 상동성을 발견했다. 이들에 따르면 마르크스가 제시한 상대적 잉여가치는 사실상 넓은 의미에서 차익거래의 고전적 형태에 불과하다. 실제로 오늘날 파생상품 시장에서 가장 기본적인 개념 가운데 하나가 차익거래다. 차익거래 기회는 상품이나 자산이 동시에 두 가지 가격으로 판매될 때 발생하며, 즉시 낮은 가격에 사서 높은 가격에 되팔아 '리스크 없는(riskless)' 이윤을 얻을 수 있다. 그러나 다른 이들도 이 기회를 활용해 가격 차이가 좁혀지면 차익거래 기회는 사라진다. 마르크스의 ≪자본≫ 1권 12장에서 특별잉여가치 역시 이러한 차익거래 구조를 지닌 것으로 설명되었고, 포스톤은 이를 생산성의 함수인 역사적 시간과 가치의 함수인 추상적 시간의 변증법으로서 트레드밀 이론으로 재구성한 것이다.

이에 경제인류학자인 리는 포스톤이 주로 탐구했던 상품 생산 중심의 산업자본과 금융화 시대 파생상품 거래 중심의 금융자본 간 관계를 분석하고, 양자가 차익거래 구조를 매개로 연결되는 방식을 설명한다(Lee, 2016: 126-127). 생산 중심 경제에서는 기술 혁신을 통해 노동생산성이 향상되며, 이는 일시적으로나마 초과이윤을 획득하는 방식으로 이어져 생산성 증대의 트레드밀 효과로 나타난다. 반면 파생 금융은 미래의 소득 흐름을 평가하는 방식으로 작동하며, 여기서는 노동의 가치가 아니라 자산 가격의 '변동성(volatility)'에 가격이 매겨진다. 변동성은 자산 가격이 얼마나 불확실하게 변하는지를 의미하며, 이는 금융시장에서 중요한 역할을 한다. 예컨대 금융공학과 파생상품 영역의 비약적 발전을 가져온 '블랙-숄스 모형(Black-Scholes Model. 미래 특정 시점에 특정 가격으로 자산을 매매할 수 있는 권리인 '옵션'의 가격을 계산하는 수학적 모델)'은 이러한 변동성을 기반으로 새로운 금융상품의 가격을 결정하는 방법을 제시했고, 이후 다양한 금융 혁신의 토대가 되었다. 따라서 리는 트레드밀 효과로 개념화된 생산 영역의 차익거래 원칙이 유통 영역에서 변형되어 새로운 금융 혁신을 촉진한다고 설명한다. 포스톤은 노동 중심의 생산과 금융 중심의 유통 간 관계를 '가치 창조' 대 '가치 이전'의 측면에서 대립시켰지만, 리는 파생상품을 상대적 잉여가치 생산의 조건을 만들기 위한 더 높은 단계의 합리화(금융에 의한 생산의 재조직화)로 보면서 양자 간 내적 연관성에 무게를 둔다(Lee, 2020: 134-137).

리의 동료인 리푸마 역시 유사한 관점에서 파생상품이 가치를 가지며 부를 창출하지만 이는 생산과 다른 경제 질서에서 이루어진다고 본다(LiPuma, 2017: 54-55). 리푸마에 따르면 생산 영역에서는 노동이 가치 창출을 매개하는 반면, 유통 영역에서는 자본이 경계를 넘나들며 마주하는 '리스크(risk. 금융시장이나 재무 활동에서 발생할 수 있는 불확실성으로 인해 자산, 수익 혹은 재무 상태에 손실이 발생할 가능성)'가 가치 창출을 매개한다. 세계화는 자본의 흐름 속에서 문화, 통화, 금융 구조, 정치·법률 체계 등의 차이를 초월하며 리스크를 야기하고, 이것이 다시 파생상품의 개발을 촉진한다. 파생상품은 리스크를 정량화하고 가격을 매기며 그것을 상쇄하는 역할을 하지만, 동시에 투기자본을 끌어들이기 위해 지속적 변동성을 필요로 한다.

따라서 파생상품 시장은 일정 수준의 변동성을 유지해야 하지만, 변동성이 과도하면 시장이 붕괴할 위험이 있다. 여기서 리푸마는 포스톤이 실물경제에 대해 논했던 것처럼 파생상품 시장을 점점 더 불안정하게 만드는 금융의 '트레드밀 동역학'을 밝혀내며, 파생상품이 미래의 불확실성을 어떻게 다루는지 설명한다. 리푸마는 파생상품이 가치나 물질적 부에 준하는 사회적 부의 일부로 기능하며, 1970년대 이후 자본 순환에 의해 리스크가 파생상품으로 대거 전환하기 시작했다고 본다. 따라서 파생상품 시장은 국가 중심의 생산 경제에서 탈중심적이고 분절된 글로벌 경제로 변형된 자본주의의 현재 특성에 부합한다고 볼 수 있다(LiPuma, 2017: 144-169).

## 금융 연구의 포스톤적 전회

하딘은 리와 리푸마를 포함해 '사회적 금융연구(Social Studies of Finance, SSF)'를 지향하는 인류학자·사회학자들과 마찬가지로 포스톤의 작업에 지대한 영향을 받았고, 똑같이 차익거래를 주제로 삼았지만 SSF의 접근에 만족하지 못했다. 하딘이 보기에 이들의 연구는 차익거래가 금융

시장에서 작동할 때의 사회적 기술과 공간적 배치에 주목했을 뿐 금융을 포스톤이 한 것과 같은 '비판'의 대상으로 위치시키지 못했기 때문이다(Hardin, 2021: 6). 자신의 연구 방향을 '포스톤적 전회(The Postonian Turn)'로 명명한 하딘은 금융에 대한 정치경제학적 비판을 정식화하기 위해 '노동에 대한 추상적 강제'가 산업자본주의에서 잉여가치 전유의 기반이 된다는 포스톤의 분석을 차익거래 구조에 의해 지탱되는 금융 시스템에 적용한다. 하딘은 차익거래를 "금융자본주의를 그것답게 만드는 독점적 형태의 전유 또는 '포획(capture)'"으로 재정의하고, 추상적 지배 이론을 통해 금융시장에서 투자와 대출이 어떻게 구조적 강제력을 행사하는지 분석한다(Hardin, 2021: 7).

구체적으로 하딘은 노동에 대한 산업자본주의적 강제를 금융자본주의에서 나타나는 두 가지 추상적 지배, 즉 '투자에 대한 강제'와 '차입에 대한 강제'와 유비한다. 1970년대 스태그플레이션 이후 사회안전망 해체, 교육비 증가, 실질임금 정체, 퇴직 저축의 시장화 등으로 인해 투자는 미래를 보장하는 '자연스러운' 방법으로 표상된다. 사람들은 강제되어서가 아니라 자신의 이익을 위해 투자한다. 예컨대 미국에서 소비자 신용, 특히 모기지(mortgage)는 부동산 투자를 통한 사회적 이동성과 차입을 통한 삶의 질 향상이라는 '아메리칸 드림'을 달성할 방법으로 제시된다. 그 결과 노동에 대한 강제와 마찬가지로 투자와 부채의 추상적 지배는 비인격적이고 객관적인 것처럼 '보이게' 된다. 더 나아가 노동의 추상적 지배가 산업자본가들의 잉여가치 포획의 기반이듯, 금융의 추상적 지배는 탐욕스러운 차익거래자들의 포획 기반이 된다. 차입과 투자는 금융자산을 창출하고 순환시키므로, 자산의 순환이 없다면 차익거래자들은 차익거래의 본질 그 자체인 '리스크 없는' 이윤을 포획할 수 없을 것이기 때문이다(Hardin, 2021: 3-5).

금융경제학에서는 차익거래를 시장 가격을 조정하고 효율성을 증가시키는 메커니즘으로 간주하지만, 하딘은 그것을 금융자본주의의 본질적 착취 구조의 일부로 재해석한다. 차익거래는 금융자본이 이윤을 독점적으로 포획하는 메커니즘이다. 특히 하딘은 2008년 금융위기를 차익거래의 본질이 드러난 사례로 설명한다. 서브프라임 모기지 시장에서는 고위험 대출이 구조적으로 강요되었고, 이를 기반으로 금융상품이 유통되면서 막대한 초과이윤이 발생했다. 금융자본가들은 리스크를 정량화할 수 있다는 신화를 활용해 고위험 대출을 증권화하고 차익거래를 통해 이윤을 극대화했다. 결국 차익거래는 시장의 효율성 보장책이 아니라 위기를 내포한 "돈 만드는 기계(로서) 차익거래(money machine arbitrage)"로 작동했다(Hardin, 2021: 87-88).

하딘은 개인들에게 금융적 리스크를 감수하고 돈을 빌려서 신용 리스크에 노출되도록 강제하는 현대 금융 시스템을 새로운 추상적 지배의 체계로 규정한다. 차익거래를 통한 금융적 가치 포획이 이루어지는 과정 전반에 걸쳐 추상적 지배가 작동하기 때문이다. 이처럼 하딘은 산업자본주의와 마찬가지로 금융자본주의에서도 가치의 포획이 운동하는 가치로서 자본의 목표이고, 추상적-시간적 지배는 그 목표를 달성하기 위한 수단임을 정확히 포착했다(Hardin, 2021: 18). 요컨대 하딘은 차익거래를 단순한 시상 소성 메커니즘이 아니라 금융자본의 핵심 지배 도구로 재개념화함으로써 포스톤식 정치경제학적 금융 비판의 가능성을 제시했다고 볼 수 있다. 포스톤의 비판이론의 현재성은 그렇게 입증된다.

## 본질과 현상의 이분법을 넘어

비판이론에 동의하든 동의하지 않든 비판이론이 어떤 방식으로 비판의 절차를 수행하는지 물으면, 대부분 그것이

탈신비화·탈물신화의 체계로서 외양(또는 현상)/본질, 허위/진실, 형식/내용, 외부/내부, 표면/이면, 표층/심층 간 형이상학적 대립을 통해 작동한다고 답한다. 여기서 외양이나 표면에서 나타나는 것은 심층에 숨겨진 본질이나 진실을 가리고 있는 베일, 즉 허위의 장막에 불과하다고 가정된다. 논리가 이렇게 전개되면 당연히 비판을 수행한다고 자임하는 비판이론가의 역할은 외양과 본질의 관계를 뒤집어서 내부의 숨겨진 본질을 드러내는(reveal) 것, 베일을 벗겨 표면의 외양이 허위임을 폭로하는(disclose) '전도'의 작업을 수행하는 것으로 귀결된다.

포스톤의 비판이론은 라투르와 랑시에르가 비난하는 전도의 과정으로서 비판과는 거리가 먼, 오히려 우리의 삶을 추상적·실재적으로 지배하고 있는 '움직이는 모순'으로서 자본과 씨름하는 이론적 실천의 한 방식이다. 이는 포스톤에게 중요한 것이 진실과 거짓이나 본질과 현상의 형이상학적 대립이 아니라 구체노동과 추상노동, 생산적 활동과 사회적으로 매개적인 활동, 사용가치와 교환가치, 물질적 부와 가치, 역사적 시간과 추상적 시간 등의 변증법적 관계에서 성립하는 자본주의 사회의 내재적 모순이었음을 암시한다. 특히 트레드밀 효과에 대한 포스톤의 강조점은 단순히 그러한 모순적 동역학이 모종의 본질적 진리를 가리는 거짓임을 보여 주는 데 있지 않았다. 포스톤은 단지 그것이 '실재추상'으로 개념화되어 온 가치의 자립화 운동의 변형임을 보여 주려 했을 뿐이다(Sohn-Rethel, 1986; Žižek, 2001).

실재추상은 단순한 베일, 가상 또는 거짓으로서가 아니라 세계 안에서 작용하고 있는 힘으로서 추상을 이해하려는 마르크스주의적 비판이론의 중요 개념이다. 그것은 비판이론이 비판을 단순히 전도의 과정으로 규정하지 않음을 보여 준다. "실재추상의 비밀은 정확히 자본이 은폐한 것으로 간주될 수 있는 진정한 구체성이나 숨겨진 본질에 대한 이데올로기적 집착이라기보다는, 자본주의 그 자체의 작동으로부터 얻어질 열린 비밀"이기 때문이다(Toscano, 2008: 282). 예컨대 '추상노동'에서 추상은 '관념적' 추상이 아니라 '실재적' 추상이다. 여기서 추상화는 우리가 그것을 알고 있는지 모르는지와 상관없이 인간의 실제 행동 속에서 이루어진다.

실제로 시장에서 상품을 교환하는 행위를 통해 개별 상품이 지닌 구체적 유용성(사용가치)이 추상화되고, 상품은 가치와 동일시된다. 상품이 가치와 동일시됐을 때만 이 상품의 구체적 성질들을 생산하는 노동의 특수성이 추상화되며, 그때 노동이 가치를 창조하는 '추상적' 노동으로 간주될 수 있다. 이런 맥락에서 추상화는 교환에 참여하는 상품 소유자들이 개인적으로 어떤 생각을 하든 '실천적으로(practically)' 발생한다. 마르크스가 '실재추상'이라는 말을 쓰지 않았어도 그 말이 그에게서 유래한 것임은 분명하다.

> 상품들의 교환가치를 상품들에 포함된 노동시간으로써 측정하기 위해서는 상이한 노동들 자체가 무차별적이고 동형이며 단순한 노동, 간단히 말해서 질적으로는 동일하고 따라서 양적으로만 구별되는 노동으로 환원되어 있어야 한다. 이 환원은 하나의 추상으로 현상하나 그것은 사회적 생산 과정에서 매일 수행되는 하나의 추상이다.(Marx, 1998: 17)

더욱이 마르크스는 교환 행위, 즉 "사회 안에서 교환자들 자신의 운동은 그들에게는 물건들의 운동이라는 형태를 취하는데, 그들은 이 운동을 통제하는 것이 아니라 도리어 그 운동에 의해 통제되고 있다"고 말함으로써 사람들이 역사를 만들지만 자신을 지배하고 강제하는 형태로 만들고 있음을 명확히 했다(Marx, 2015a: 97). 그러므로 비판이론의 목표는 자유롭고 평등한 교환이라는 표면적 현상의 베일을 벗겨 숨겨진 구조, 즉 부등가 교환의 비밀 따위를 발견하는 것이 아니라, 우리가 우리 자신의 소외된 활동을 통해 자본을 생산하더라도, 자본은 엄연히 "비물질적이지만 객관적인" 힘으로 작동하는 실재추상임을 우리에게 각인하는 것이라고 할 수 있다(Wilson, 2018: 168).

최근 미국의 페미니스트 문화이론가 시앤 응아이(Sianne Ngai)는 포스톤의 트레드밀 이론을 '기믹(gimmick)'이라고 불리는 현대 사회의 미적 장치에 관한 분석에 적용해 큰 주목을 받았다. 일반적으로 기믹은 소비자의 관심을 끌기 위해 의도적으로 설계된 독특하고 새로운 특성으로, 제품이나 서비스의 본질적 가치보다는 차별화와 즉각적 시장 반응을 목표로 하는 전략적 마케팅 요소로 설명된다(Rachmad et al., 2025). 그러나 응아이는 미학, 노동 그리고 자본주의 비판이 교차하는 지점에서 기믹을 현대 자본주의의 지배적인 미적 형태로 보고, 이를 노동과 시간, 또는 가치와 무가치의 모순을 드러내는 개념으로 확장한다.

응아이는 기믹을 "너무 적게 작동하는(노동 절약 트릭) 것처럼 보이지만 또한 너무 열심히 작동하는(우리의 주의를 끌기 위한 무리한 노력) 것으로 우리에게 다가오는 과대평가된 장치들"로 규정한다(Ngai, 2020: 1). 그러한 기믹의 속성을 포스톤의 트레드밀 효과에서 발견한다는 점이 흥미롭다. 응아이에게 기믹은 상술에 동원되는 단순한 속임수나 미끼가 아니라 자본주의의 근본적 모순을 드러내는 문화적 장치로 작용하는 것이다. 응아이는 트레드밀 효과를 역사적 시간(구체노동과 생산성의 함수)과 추상적 시간(추상노동과 가치의 함수)의 상호작용으로 설명하고, 여기서 기믹의 특성인 "소외된 과거와 현재의 상호작용"을 감지한다.

요컨대 트레드밀 동역학은 물질적 부를 극대화함으로써 사회적 삶의 지속적 변형을 가능하게 하는 동시에 자본주의의 근본적 조건을 변하지 않는 사회적 삶의 특징으로 끊임없이 재구성한다는 점에서 "영속적 현재와 끊임없이 진행되는 역사적 연속성"을 보여 주는 자본주의적 사회구성체의 기믹이다(Ngai, 2020: 68-69). 그렇다면 진보든 퇴보든 그 어떤 변화의 방향도 없이 현재 상태를 끊임없이 변화시켜 우리를 동요하게 하는 자본주의의 내적 모순은 굳이 특별한 과학적 지식을 갖고 있지 않더라도 누구나 감각적으로 모순적임을 인식할 수 있는 현실 그 자체라고 말해야 할 것이다. 그러한 모순적 현실 앞에서 본질과 현상, 진실과 거짓의 이분법은 무의미할 따름이다.

이처럼 포스톤의 비판이론은 트레드밀 효과로 나타나는 변형과 재구성의 변증법적 모순이 현실과 가상의 경계마저 무너뜨리는 기믹처럼 작동하는 자본의 '실재(the real)'를 포착함으로써 시간과 노동의 지배가 어떻게 자본주의의 끊임없는 혁신과 변화 속에서도 자본주의 그 자체를 유지하고 강화하는지 밝혀냈다. 이는 본질과 현상, 진실과 거짓의 이분법을 넘어 자본주의 사회의 내재적 모순을 분석할 새로운 이론적 지평을 우리에게 계속 열어 주고 있다.

전언에 따르면 포스톤은 암 투병 중에도 두 권의 미완성 책 원고를 남겼다고 한다. 하나는 ≪자본: 독해와 비판적 사회이론(Capital: A Reading and Critical Social Theory)≫이고, 다른 하나는 ≪현대의 역사적 변형(Contemporary Historical Transformations)≫이다. 언젠가는 출간될 그 유작에 포스톤이 ≪시간과 노동 그리고 사회적 지배≫ 이후로도 줄곧 그려 온 비판이론의 변형과 재구성의 윤곽이 남겨 있기를 기대해 본다.

## 참고문헌


Hardin, C.(2021). *Capturing Finance: Arbitrage and Social Domination.* Duke University Press.

Lee, B.(2016). From Primitives to Derivatives. In Lee, B. & Martin, R.(eds.). *Derivatives and the Wealth of Societies*, pp. 82-139. University of Chicago Press.

Lee, B.(2020). From Primitives to Derivatives. *Critical Historical Studies, 7*(1), pp. 127-144.

LiPuma, E.(2017). *The Social Life of Financial Derivatives: Markets, Risk, and Time.* Duke University Press.

Manigat, P. M.(2020). Finance Capital and Financialization: A Comparative Reading of Marx and Hilferding. *Œconomia. History, Methodology, Philosophy, 10*(4), pp. 687-710.

Marx, K.(1972). *Zur Kritik der politischen Ökonomie.* Dietz Verlag. 김호균 옮김(1998). ≪정치경제학 비판을 위하여≫. 청사.

Marx, K.(1990). *Capital I.* Penguin Books. 김수행 옮김(2015a). ≪자본론: 정치경제학 비판 I [상]≫. 비봉출판사; 김수행 옮김(2015b). ≪자본론: 정치경제학 비판 I [하]≫. 비봉출판사.

Meister, R.(2020). Moishe on Value and Wealth. *Critical Historical Studies, 7*(1), pp. 113-125.

Murray, P.(2016). *The Mismeasure of Wealth: Essays on Marx and Social Form.* Brill.

Ngai, S.(2020). *Theory of the Gimmick: Aesthetic Judgment and Capitalist Form.* Harvard University Press.

Postone, M.(2019). The Current Crisis and the Anachronism of Value. In Musto, M.(ed.). *Marx's Capital After 150 Years*, pp. 94-107. Routledge.

Rachmad, Y. E., Budiyanto, B., & Khuzaini, K.(2025). Impact of Viral Marketing and Gimmick Marketing on Transformation of Customer Behavior Mediated by Influencer Marketing. *International Journal of Economics, Management and Accounting, 2*(1), pp. 221-233.

Sohn-Rethel, A.(1978). *Intellectual and Manual Labour.* Macmillan. 황태연·윤길순 옮김(1986). ≪정신노동과 육체노동: 철학적 인식론 비판≫. 학민사.

Toscano, A.(2008). The Open Secret of Real Abstraction. *Rethinking Marxism, 20*(2), pp. 273-287.

Wilson, J.(2018). Anamorphosis of Capital: Black Holes, Gothic Monsters, and the Will of God. In Kapoor, I.(ed.). *Psychoanalysis and the GlObal.* University of Nebraska Press.

Žižek, S.(1989). *The Sublime Object of Ideology.* Verso. 이수련 옮김(2001). ≪이데올로기의 숭고한 대상≫. 인간사랑

**모이셰 포스톤(Moishe Postone, 1942~2018)**

캐나다 출신의 유대계 역사학자이자 사회이론가. 현대 마르크스주의와 비판이론 분야에서 독보적 위치를 차지한 학자다. 프랑크푸르트 괴테대학교에서 정치학과 사회학 박사 학위를 취득한 후 1987년부터 시카고대학교에서 역사학 교수로 일하며 유럽 지성사와 비판적 사회이론을 가르쳤다. 마르크스의 가치론을 재해석해 자본주의의 역사적 특수성을 분석하는 데 주력했다. 대표작 ≪시간과 노동 그리고 사회적 지배(Time, Labor, and Social Domination)≫(1993/2003)는 이러한 연구의 정수를 담고 있으며, 전 세계적으로 번역되어 학계에서 큰 주목을 받았다. 현대 반유대주의와 홀로코스트에 관한 혁신적 연구로 전후 독일의 기억과 정체성 논쟁에도 큰 영향을 미쳤다. 마르크스주의와 비판이론의 새로운 지평을 열었으며, 가치비판, 자본과 시간성, 노동의 위기와 생태계 파괴, 글로벌 자본주의와 금융화, 포스트노동사회와 포스트자본주의 등에 관한 후속 연구에도 지속적인 자극을 주고 있다. 뇌종양으로 수년간 투병하다 2018년 3월 19일 시카고에서 75세의 나이로 서거했다.

**정용택**

한신대학교 대학원에서 모이셰 포스톤의 '변형과 재구성의 변증법' 테제에 기반해 트레드밀 동역학과 가치의 자립화 이론을 현대 자본주의적 노동사회의 변형과 재구성에 적용한 논문으로 박사 학위를 받았다. ≪말과활≫, ≪진보평론≫, ≪뉴래디컬리뷰≫ 편집위원과 맑스코뮤날레 집행위원으로 활동했다. 한신대학교와 성균관대학교에서 강의했고, 한신대학교 신학사상연구소 연구교수를 거쳐 현재는 경희대학교 비교문화연구소 HK연구교수로 있다. 급진적 신학담론과 비판적 사회이론 간 대화를 모색하면서 ≪민중신학, 고통의 시대를 읽다≫, ≪세월호 이후의 사회과학≫, ≪1970년대 민주화운동과 개신교≫ 등의 책을 함께 썼고, 마르크스주의적 비판이론의 관점에서 "금융화된 자본주의 시대의 경제신학", "현대 자본주의의 종교성 연구", "식인 자본주의에서 경제의 '착근된 탈착근성'을 어떻게 이해할 것인가?", "비판이론으로서의 장애학", "현대 자본주의의 부정적인 자기영속적 동역학으로서의 노동의 프레카리아트화" 등의 학술논문과 "노동의 신화, 노동의 현실", "위기와 비판의 변증법", "물질 없는 유물론 대(對) 물신 없는 가치론", "자산화를 어떻게 인지할 것인가?" 등의 비평문을 발표했다.